MI ESTRATEGIA PARA

PLANTANDO IGLESIAS REPRODUCTIVAS:
Un Manual Para El Desarrollo
De Iglesias Nuevas

NOMBRE

_____

FECHA

_____

EL GRUPO ENTRE EL CUAL TRABAJARÁ

_____

ISBN   978-0-9852842-2-0

CAPÍTULO 1

FUNDAMENTO PARA LA MOTIVACIÓN

MI MOTIVACIÓN PARA SEMBRAR IGLESIAS

1. Después de leer las razones para sembrar iglesias y de dedicar tiempo para orar, complete por favor la siguiente declaración:

   Mi motivación para sembrar iglesias es:

   _____

   _____

   _____

   _____

2. Las razones (o excusas) que la gente de mi área usa para no sembrar iglesias

   son:

   _____

   _____

   _____

   _____

3. Después de leer este capítulo, la manera en que intento responder a sus razones (o excusas) es:

   _____

   _____

   _____

   _____

   _____

FUNDAMENTO BÍBLICO

MIS CONVICCIONES BÍBLICAS (VALORES FUNDAMENTALES) PARA SEMBRAR IGLESIAS

A la luz de un cuidadoso estudio de la Escritura en relación con el significado de sembrar iglesias, haga una lista de las convicciones básicas que usted cree sirven de fundamento para los esfuerzos de sembrar iglesias. Más específicamente, ¿cuáles debieran ser las convicciones básicas que motivarían y guiarían a la siembra de una congregación especifica que Dios ha puesto en su corazón? Responda estas y otras preguntas para definir sus convicciones bíblicas.

1. ¿Cuál es la actitud de Dios en relación con los que están perdidos?

_____

_____

_____

_____

2. ¿Cuál es el destino de los que no han recibido a Cristo como su Salvador personal?

_____

_____

_____

_____

3. ¿Qué prioridad dio Jesús en cuanto a hacer discípulos?

_____

_____

_____

_____

4. ¿Qué lugar debe ocupar la evangelización hoy en mi corazón?

_____

_____

_____

_____

5. ¿Qué lugar debe ocupar en mi corazón el sembrar iglesias?

_____

_____

_____

_____

6. ¿Cuál debiera ser mi actitud hacia los grupos de personas que no tienen iglesias entre ellos?

_____

_____

_____

_____

7. ¿Qué lugar debiera tener la oración en el esfuerzo de sembrar iglesias?

_____

_____

_____

_____

8. ¿Qué tan relevante debiera ser mi estrategia de sembrar iglesias para el grupo entre el cual trabajaré para alcanzarlo?

_____

_____

_____

_____

9. ¿Qué compromisos tendrá la nueva iglesia que empiezo en relación con:

   a. la evangelización?

   _____

   b. el trato a los visitantes?

   _____

   c. la adoración?

   _____

   d. la participación de los miembros?

   _____

   e. ministrar a la gente en necesidad?

   _____

   f. sembrar otras iglesias?

   _____

10. Otra convicción que no ha incluido en esta lista

   _____

   _____

11. Otra convicción

   _____

   _____

   _____

Los Valores Esenciales

Aubrey Malphurs define los valores como "sus creencias esenciales constantes y apasionadas que motivan su ministerio." [1]

Malphurs utiliza los valores esenciales de la Iglesia Northwood Community Church como un ejemplo de la manera en la cual éstos se pueden articular para definir y motivar el ministerio de esa Iglesia [2] Vamos a seleccionar unos cuantos para proveer un ejemplo de estos valores esenciales.

Enseñanzas Bíblicas
Nos esforzamos por enseñar la Palabra de Dios con integridad y autoridad para que los que que están buscando encuentren a Cristo y que los creyentes alcancen madurez en El (2 Tim. 3:16).

Adoración Auténtica
Deseamos reconocer el valor supremo de Dios en nuestras vidas personales y en la adoración corporal de nuestra Iglesia (Rom. 12:1-2).

Oración
Dependemos en la oración privada y corporal en la concepción, planificación e implementación de todos los ministerios de esta Iglesia (Matt 7:7).[3]

Articule Sus Valores Esenciales

Utilizando los ejemplos dados arriba, escriba sus valores esenciales (los que usted utilizará con su equipo de plantación de iglesias) relacionados a las siguientes áreas indicadas abajo:

La Oración
Nosotors

_____

_____

_____

_____

Los Perdidos
Nosotros

_____

_____

_____

_____

8

La Adoración
Nosotros

_____
_____
_____
_____

Involucrando a los Laicos
Nosotros

_____
_____
_____

Ministerio a las Personas Necesitadas
Nosotros_____

_____
_____
_____

Comenzando Otras Iglesias
Nosotros

_____
_____
_____
_____

Otros Valores _____
Nosotros

_____
_____
_____
_____

Otros Valores _____
Nosotros

_____
_____
_____
_____

AFIRMACIÓN DE RESUMEN

Las convicciones bíblicas que me motivan para sembrar iglesias son:

_____
_____
_____
_____
_____
_____
_____
_____
_____
_____
_____
_____
_____
_____

El tipo de iglesia que necesito empezar para alcanzar el grupo que Dios ha colocado en mi corazón es:

_____
_____
_____
_____
_____
_____
_____
_____
_____
_____
_____
_____
_____

CAPÍTULO 3

FUNDAMENTO ESPIRITUAL

CUESTIONARIO DE
LOS DONES ESPIRITUALES

Iglesia Bautista Wedgwood
5522 Whitman, Fort Worth, TX 76133
817-292-1400

ANALISIS DE LOS DONES ESPIRITUALES

A cada declaración en el análisis de los siguientes dones espirituales se le debe dar un valor numérico del uno al diez, dependiendo en el grado en el que las afirmaciones reflejan su propia experiencia personal:

Muchísimo	Bastante			Algo		Un Poco			Nada
10	9	8	7	6	5	4	3	2	1

Lea cada declaración. Por un momento piense seria y sinceramente, y luego decida que tan a menudo participa o ha experimentado la actividad mencionada—*no* que tan a menudo desea haberlo hecho, o como debiera sentirse, participando en la actividad—sino la participación *real.* Escriba el número correspondiente a la izquierda de cada declaración.

___ 1.   Fácilmente delega responsabilidades importantes a otras personas.
___ 2.   Dirige a la gente a aceptar por la fe la salvación en Cristo.
___ 3.   Con palabra anima a los que están perturbados, desanimados o inseguros.
___ 4.   Reconoce cuando otros siguen el curso que les crearán otros problemas.
___ 5.   Administra bien su dinero para dar generosamente a la obra del Señor.
___ 6.   Asiste a líderes claves y los ayuda con algunas tareas para que puedan regresar a sus tareas principales.
___ 7.   Visualiza la voluntad de Dios en situaciones específicas a pesar de circunstancias adversas.
___ 8.   Tiene la habilidad de descubrir nuevas verdades por sí mismo.
___ 9.   Persuade a otros para lograr los objetivos y las metas presentes.
___ 10. Instintivamente determina la sinceridad de los motivos de la gente.
___ 11. Alegremente trabaja con los que son ignorados por la mayoría de otros a su alrededor
___ 12. Capaz de ayudar a que otros aprendan la información bíblica que ayuda a edificar sus vidas.
___ 13. Deseoso de invertir meses, aun años en las vidas de otros para ayudarlos.
___ 14. Gozosamente canta loores a Dios sea solo o con otros.
___ 15. Organiza ideas, cosas, tiempo, personas para resultados más eficaces.
___ 16. Gozosamente comparte con otros cómo Jesús lo ha atraído hacia Sí para que ellos respondan positivamente.
___ 17. Percibe soluciones prácticas a problemas comunes.
___ 18. Hace que la gente responda positivamente a lo que saben que es correcto.
___ 19. Experimenta un sentido de verdadero gozo cuando satisface las necesidades materiales de otro.
___ 20. Ayuda en cosas pequeñas detrás del escenario.
___ 21. No tiene dificultad de creer las promesas de Dios.
___ 22. Ve como diferentes verdades de la Escritura se relacionan entre sí.
___ 23. Dirige a otros hacia el logro de sus tareas específicas.

___ 24. Goza visitando a los ancianos, a los recluidos y a los encarcelados.

___ 25. A veces se inquieta de cosas que lee o escucha, cuando otros no se perturban o entusiastamente las apoyan.

___ 26. Goza el trabajo rutinario en la iglesia que ordinariamente no es atractivo para otros.

___ 27. Goza las veces en que comparte conocimiento, el conocimiento de otros, y/o el amor de Cristo con los niños y/o con los adultos.

___ 28. No se desanima fácilmente cuando otros no responden inmediatamente a las urgencias por el bienestar de ellos.

___ 29. Guía a otros en el canto de adoración a Dios por el gozo del servicio.

___ 30. Trabaja con hechos y números con resultados positivos y con satisfacción personal.

___ 31. Le encanta conocer a otros y compartir con ellos el gozo y la paz que Jesús en Su amor le ha dado.

___ 32. Aplica efectivamente la verdad a su vida diariamente no importa que clase de crisis o conflicto pueda venir.

___ 33. Consuela a los perturbados y los anima a pesar de sus problemas.

___ 34. Satisface las necesidades materiales de modo que agradecen sin resentimiento.

___ 35. Se siente seguro en el hecho que su oración continuamente obra milagros en su vida y en las vidas de otros.

___ 36. Adquiere y domina datos y principios que se aplicarán en situaciones dadas para ayudar al crecimiento y estabilidad.

___ 37. Sabe que otros lo siguen e imitan su ejemplo.

___ 38. Vista hospitales y lugares de retirados y sabe que su presencia ayuda a consolar y animar a los que visita.

___ 39. Instruye niños y/o adultos en las verdades de la Palabra y siente que su fe se fortalece por medio de sus esfuerzos.

___ 40. Rápida y precisamente evalúa las fortalezas y las debilidades de otros.

___ 41. Con ganas acepta a otros y continúa trabajando con ellos aun cuando repiten los mismos errores una y otra vez.

___ 42. Se deleita cantando alabanzas tanto por el contenido del mensaje como por lo placentero de la melodía.

___ 43. Planea y dirige programas que beneficiarán a los hermanos en Cristo.

___ 44. Busca a los inconversos de manera continua para ganarlos para Cristo.

___ 45. Aconseja eficazmente a los perplejos y confundidos, culpables o adictos.

___ 46. Hace que la gente se sienta mejor después de haber estado en su presencia.

___ 47. Se siente conmovido cuando se confronta con las necesidades financieras en la obra del reino de Dios.

___ 48. Siente que cuando se le pide orar por otros, sus oraciones tendrán resultados tangibles.

___ 49. Ayuda a otros con el convencimiento que los que ha ayudado no harán nada por él, en respuesta a su acción.

___ 50. Se place en hacer pequeñas tareas que a menudo son ignoradas, pero que son necesarias para lograr mejores programas.

___ 51. Lee y estudia mucho para mejorar su entendimiento de la verdad bíblica.

___ 52. Guía grupos grandes o pequeños en el proceso de tomar decisiones.

___ 53. Goza simplificando conceptos difíciles para que otros los entiendan.

___ 54. Sabe cuando otros dicen la verdad o están mintiendo.

___ 55. Deseoso de invertir mucho tiempo en las vidas y problemas de otros.

___ 56. Se siente más cerca del Señor al ministrar con la música y desea alcanzar a otros de esta manera también.

___ 57. Pone metas y objetivos y hace planes para lograrlos y realizarlos.

___ 58. Le habla a otros del mensaje de salvación y tiene gran gozo cuando responden.

___ 59. Escoge varias alternativas y opta por la que provee la mejor solución a un problema específico.

___ 60. Desea mantener un bajo estándar de vida para beneficiar la obra del señor.

___ 61. Presenta críticas acertadas a otros de manera que responden favorablemente.

___ 62. Se goza en encontrar a alguien que puede usar su ayuda y beneficiarse de sus habilidades.

___ 63. Orar es uno de los ejercicios espirituales favoritos.

___ 64. Lee libros con lápiz en la mano para hacer anotaciones cuidadosas y para retener más lo que lee.

___ 65. Motiva a otros a cumplir con las tareas que les pone por delante.

___ 66. Se identifica con los sufrientes o que tienen problemas que repelen a otros.

___ 67. Organiza sus pensamientos para que otros lo puedan seguir claramente en lo que desea comunicar.

___ 68. Detecta los errores de razonamiento de los autores de libros y artículos que lee.

___ 69. Deseoso de confrontar a personas con sus faltas aun a riesgo de su relación.

___ 70. Cantar es uno de sus ejercicios espirituales favoritos.

Después que haya completado los asuntos anteriores, vaya a la última página y llene la clave. Sume los valores numéricos dados a cada una de los asuntos dados en la línea correspondiente de la clave. Por ejemplo, añada los valores de los asuntos 1, 15, 30, 43, y 57 para determinar la suma numérica del don de la "administración." Añada los asuntos pedidos en cada una de las líneas siguientes y coloque la suma en el centro de la columna marcada "Total."

Finalmente, seleccione las tres sumas más altas y escríbalas en los espacios apropiados en la caja al pie de la página. Estas sumas son la medida de sus puntos fuertes, o los dones en las áreas indicadas. [4]

DEFINIENDO LOS DONES DEL ESPÍRITU
("...el atributo/habilidad dado por el Espíritu Santo al creyente
para uso dentro del cuerpo.")

Administración: La habilidad de entender claramente las metas inmediatas y las de largo plazo de una unidad particular del Cuerpo de Cristo, y para formular y ejecutar planes eficaces para cumplir con esas metas (1 Corintios 12:28).

Discernimiento: La habilidad de saber si cierta doctrina o conducta observada atribuida de Dios es en realidad divina, humana o satánica. (1 Juan 1:4; Hechos 5:1-10; 1 Corintios 12:10).

Evangelización: La habilidad de compartir el evangelio con inconversos de tal manera que hombres y mujeres vienen a ser discípulos de Jesucristo y miembros responsables del Cuerpo de Cristo. (Efesios 4:11; Hechos 21:8).

Exhortación: La habilidad de ministrar con palabras de consuelo, fortaleza y ánimo a otros miembros del Cuerpo de Cristo de tal manera que se sienten ayudados y sanados. (Personas orientadas a la gente y desafiadas) (Romanos 12:8; Hechos 4:36; Filipenses 4:2).

Fe / intercesión: La habilidad para percibir la voluntad de Dios para el Cuerpo y el deseo de orar con absoluta confianza que Dios hará que suceda; la habilidad de estar por horas en períodos extendidos de oración y para ver respuestas específicas a esas oraciones. (1 Corintios 12:9).

Dar: La habilidad para contribuir sus recursos materiales para la obra del Señor con gran gozo, vehemencia y liberalidad, a fin de que otros sean bendecidos por la manera y resultados de su generosidad. (Romanos 12:8).

Ayudas/Servicio/Ministerio: La habilidad para identificar necesidades no satisfechas e invertir sus talentos para satisfacerlas, así logrando que otros aumenten su efectividad en el uso de sus propios dones. (1 Corintios 12:28).

Conocimiento: La habilidad especial de descubrir, acumular, analizar y aclarar información e ideas que son pertinentes para la edificación del Cuerpo. (1 Corintios 12:8)

Liderazgo / gobernar: La habilidad de sentar metas de acuerdo con los propósitos de Dios para el futuro y de comunicar estas metas a otros de tal manera que deseosa y voluntariamente trabajen juntos para lograr estas metas para la gloria de Dios. (Romanos 12:8)

Misericordia: La habilidad de sentir genuino interés y compasión por personas, cristianas e inconversas, que sufren física, mental o emocionalmente, y que ese sentimiento se convierta en actos de bondad que reflejen el amor de Cristo y alivien el sufrimiento. (Romanos 12:8; Lucas 10:33-35; Hechos 16:33, 38)

Pastorear: La habilidad de asumir una responsabilidad a largo plazo en el cuidado de un grupo de creyentes, tomar el tiempo y el esfuerzo necesario para ministrar a personas para su bienestar espiritual. (Efesios 4:11)

Servicio: La habilidad de identificar necesidades no satisfechas en la tarea relacionada con la obra de Dios, y para hacer uso de los recursos disponibles para satisfacer las necesidades y ayudar a lograr los resultados deseados. (2 Timoteo 1:16-18; Romanos 12:7; Hechos 6:1-7; Tito 3:14; Gálatas 6:2, 10).

Enseñar: La habilidad para comunicar información relevante a la salud y ministerio del Cuerpo de tal manera que otros aprendan. (1 Corintios 12:28; Efesios 4:11; Romanos 12:7)

Sabiduría: La habilidad de conocer la mente del Espíritu Santo de tal manera que recibe ideas de cómo dar conocimiento que se aplique a las necesidades que se presenten en el Cuerpo de Cristo. (Orientación al problema) (1 Corintios 12:9; Santiago 3:7)

Estas definiciones se han tomado de varias fuentes, combinadas o parafraseadas donde ocurre la redundancia, y refraseadas para clarificación donde ha sido necesario. Las fuentes incluyen a Seminarios de Billy Gothard, Charles E. Fuller Institute, y libros de varios autores sobre dones espirituales. Estas definiciones se ofrecen como una compilación de materiales de recurso únicamente.

CLAVE PARA EVALUAR EL INVENTARIO
DE LOS DONES ESPIRITUALES

Valor de los asuntos	Total	Don
1, 15, 30, 43, 57		Administración
2, 16, 31, 44, 58		Evangelización
3, 18, 33, 46, 61		Exhortación
4, 17, 32, 45, 59		Sabiduría
5, 19, 34, 47, 60		Dar
6, 20, 26, 50, 62		Ayudas / ministerio
7, 21, 35, 48, 63		Fe / intercesión
8, 22, 36, 51, 64		Conocimiento
9, 23, 37, 52, 65		Liderazgo / gobierno
11, 24, 38, 49, 66		Misericordia
12, 27, 39, 53, 67		Enseñanza
10, 25, 40, 54, 68		Discernimiento
13, 28, 41, 55, 69		Pastorear
14, 29, 42, 56, 70		Música

Dones espirituales

Suma más alta	
La segunda suma	
La tercera suma	

Nombre: _____

Dirección: _____

Ciudad: _____ Estado: _____ Zip (Código postal):

_____

Teléfono en casa: _____

Teléfono en la oficina: _____

DESCUBRIENDO MIS DONES ESPIRITUALES

Como resultado del estudio de la Escritura y después de tomar el Inventario de los Dones Espirituales y recibir comentarios de los que me conocen mejor, creo que los siguientes son mis dones espirituales:

1. _____

_____

2. _____

_____

3. _____

_____

_____

4. _____

_____

_____

Lo siguiente de aplica a mis dones espirituales:

1. No he practicado mis dones espirituales pero espero hacerlo:

_____

_____

_____

2. He recibido afirmación de personas que me conocen bien:

_____

_____

_____

3. He recibido afirmación en mi participación en el ministerio

_____

_____

_____

_____

INVENTARIO DE DISCIPLINAS ESPIRITUALES

(Diseñado por el Dr. Daniel Sánchez)

Al tomar este inventario de disciplinas espirituales, evalúe dónde está en cada una de estas disciplinas. Cuando tome este inventario por primera vez, ponga una "X" en la categoría que mejor le describe. **C**= Casi Siempre; **F**=Frecuentemente; **A**= A veces; **R**=Rara Vez; **N**=Nunca. Cuando lo tome al fin del período de evaluación, marque dónde está con "+". Esto le dará una base para hacer una comparación.

Disciplina	Casi Siempre	Frecuen-temente	A Veces	Rara Vez	Nunca
Valores	5	4	3	2	1
Devoción Personal					
Paso tiempo cada día en oración					
Paso tiempo cada día en solitud y contemplación					
Con regularidad intercede por otras personas					
Cada día paso tiempo en estudio Bíblico y reflexión					
Mantengo un diario personal de mis pensamientos y resoluciones					
Con regularidad aprendo textos Bíblicos					
Adoración Corporal					
Con regularidad adoro con otros creyentes					
Tomo notas de sermones y enseñanzas Bíblicas					
Converso miembros de la Iglesia acerca de asuntos espirituales					
Oro con miembros de la Iglesia					
Servicio Cristiano					
Regularmente participo en ministerio					
Utilizo mis dones espirituales					
Deseo server a otros como el Señor me guíe					
Testimonio Evangelístico					
Me esfuerzo por vivir una vida que sea un testimonio cristiano para otros					
Siento confianza al testificar					
Puedo adaptar mi testimonio a varios					

individuos (grupos)					
Doy a las personas oportunidad de recibir a Cristo					
Carácter Cristiano					
Practico la pureza moral					
Practico integridad y veracidad					
Resisto las tentaciones					
Estudio para mostrarme aprobado					
Practico integridad en investigación y escritura					
Mayordomía Cristiana					
Me esfuerzo por ser buen mayordomo del time					
Me esfuerzo por ser buen mayordomo influencia					
Me esfuerzo por ser buen mayordomo del dinero					
Trato de vivir dentro de mis medios económicos					
Duermo, como, descanso y ejercito apropiadamente					
Participo en recreación y tiempo libre					
Practico responsabilidad Cristiana hacia otros (mentores)					
Dedico tiempo a mi familia (y/a amistades)					
Total de Valores					
Sume los valores de cada columna					
Saque el total de todas las columnas		-------	-------	-------	-------
Deduzca de 150 (30@5 puntos)	150	-------	-------	-------	-------
Indique el número necesario para grado perfecta		-------	-------	-------	-------

Para llegar a su número total, sume todos los valores asignados a cada categoría (Casi Siempre = 5; Frecuentemente = 4; A Veces = 3; Rara vez = 2; Nunca = 1). Si resta este número de los 150 (30 disciplinas @ 5 pnntos máximo) usted tendrá el número del grado que recibe. Ayuda mucho dar atención especial a las disciplinas que marcó Rara Vea o Nunca y diseñar un plan para mejorar. En el espacio que sigue, ponga las 5 disciplinas que usted quiere mejorar. Brevemente indique su plan para lograr esto.

| DISCIPLINA | ASESORAMIENTO |

DISCIPLINA   **ASESORAMIENTO**

1._____   S F A R N
  Planes de Acción

_____

_____

_____

_____

2._____   S F A R N
Planes de Acción

_____

_____

_____

_____

3._____   S F A R N
Planes de Acción

_____

_____

_____

_____

4._____   S F A R N
Planes de Acción

_____

_____

_____

_____

5._____   S F A R N
  Planes de Acción

_____

_____

_____

_____

ESTABLECIENDO EL EQUIPO DE INTERCESIÓN

Brevemente indique las características esenciales en el Equipo de Intercesión

1. _____

2. _____

3. _____

Escriba los nombres de posibles compañeros de oración

1. _____

2. _____

3. _____

4. _____

5.

Indique los tipos de peticiones personales de oración que usted compartiría con el equipo

1. _____

2. _____

3. _____

4. _____

5. _____

Indique los tipos de peticiones de oración relacionadas al ministerio que usted compartiría con ellos

1. _____

2. _____

3. _____

4. _____

5. _____

Diseñe una estrategia para comunicar las peticiones de oración

    1. Fije fechas (o calendario de actividades)

    2. Compartir las peticiones de oración (cómo lo haría y con cuánta frecuencia)

    3. Compartir acerca de oraciones contestadas (cómo y con cuánta frecuencia)

Determine El Método de Comunicación (Explique cómo usaría los que escoja)

    1. Conferencias Personales

_____
_____
_____

    2. E-Mail

_____
_____
_____

    3. Cartas Ordinarias (p.eje., Cartas circulares)

_____
_____
_____

    4. Teléfono

_____
_____
_____

    5. Skype

_____
_____
_____

    6. Oros métodos de redes sociales

_____
_____
_____

    7. Otro Método

_____
_____
_____

CAPÍTULO 4
FUNDAMENTO EVANGELÍSTICO

EVALUACIÓN DE LA EVANGELIZACIÓN

A la luz de la discusión en este capitulo, evalúese con relación a su dominio en estos tipos de evangelización y diseñe un plan para mejorar las áreas débiles. Tenga en cuenta las siguientes cosas:

1. No puede ser experto en cada método evangelizador, pero puede fortalecer las áreas débiles.

2. Evangelización personal (visitación) tiene que hacerse en las primeras etapas en el esfuerzo de iniciar la iglesia. No importa su preferencia, necesita ganar personalmente nueva gente.

3. Su equipo para sembrar la iglesia tiene que cubrir las áreas en que no tiene experiencia. Tiene que seleccionar gente que lo complemente, no que compita con usted.

4. Algunas formas de la evangelización son más propias que otras para el grupo que desea alcanzar.

5. Puede fortalecer las áreas débiles por medio de: 1) Estudio personal, 2) Un curso, 3) Un mentor, 4) Otro.

ASESORAMIENTO EVANGELÍSTO

Evaluación – Letras: N= Necesita mejorar (1 punto); S=Satisfactorio (2 puntos); B=Bueno (3 puntos); M=Muy Bueno (4 puntos); E=Excelente (5 puntos) Ponga un círculo en la letra indicada y sume los puntos

TIPO DE EVANGELIZACIÓN	EVALUACIÓN PERSONAL				
Evangelización Masiva	N	S	B	M	E
Puntos	1	2	3	4	5

Plan para fortalecer esta área:

  1) Estudio personal,

  2) Un curso,

  3) Un mentor,

  4) Otro

Evangelización – Grupos Célula	N	S	B	M	E
Puntos	1	2	3	4	5

Plan para fortalecer esta área:

  1) Estudio personal,

  2) Un curso,

  3) Un mentor,

  4) Otro

Evangelización – Visitación	N	S	B	M	E
Puntos	1	2	3	4	5

Plan para fortalecer esta área:

  1) Estudio personal,

  2) Un curso,

  3) Un mentor,

  4) Otro

Evangelización – Espontánea	N	S	B	M	E
Puntos	1	2	3	4	5

Plan para fortalecer esta área:

1) Estudio personal,
2) Un curso,
3) Un mentor,
4) Otro

Evangelización Sutil	N	S	B	M	E
Puntos	1	2	3	4	5

Plan para fortalecer esta área:

1) Estudio personal,
2) Un curso,
3) Un mentor,
4) Otro

Evangelización Literaria	N	S	B	M	E
Puntos	1	2	3	4	5

Plan para fortalecer esta área:

1) Estudio personal,
2) Un curso,
3) Un mentor,
4) Otro

Evangelización Servicio Cristiano	N	S	B	M	E
Puntos	1	2	3	4	5

Plan para fortalecer esta área:

1) Estudio personal,

2) Un curso,

3) Un mentor,

4) Otro

*Otro Método Evangelístico	N	S	B	M	E
Puntos	1	2	3	4	5

Plan para fortalecer esta área:

1) Estudio personal,

2) Un curso,

3) Un mentor,

4) Otro

*Un método que usted escoja

Tabulación

Evangelismo	N(1)	S(2)	B(3)	M(4)	E(5)
Masivo					
Grupo Célula					
Visitación					
Espontáneo					
Sutil					
Literario					
Servicio					
Otro					
Total Marcado					
Valor Total					
Grado Total		————	————	————	————

Explicación:

<u>Total Marcado</u>: ¿Cuántos puso en la categoría N? ¿Cuántos en las categorías S, B, M. E?

<u>Valor Total</u>: Multiplique el número de N' por 1 (Ejemplo: 3 N le dan el valor total de 3; 3 S por 2 le da el valor de 6)

<u>Grado Total</u>: Sólo usa un espacio para el grado total. Número máximo de puntos es 40. Tome su valor total y reste de 40 y esto le dará el Grado Total.

Nota: Si no incluyó otro método de Evangelismo use 35 como el número máximo

OBSERVACIÓN: El grado total le da básicamente una idea de su maestría de estos métodos evangelísticos. LO MÁS IMPORTANTE ES SU PLAN DE MEJORAR SU MAESTRÍA EN LOS QUE MARCÓ "N" o "S" PORQUE ESTO LE PREPARÁ PARA LA PLANTACIÓN DE IGLESIAS MÁS EFICAZ

También, usted puede determinar cuáles tipos de evangelismo van a ser más eficaces entre el grupo de personas o segmentos de la población y dará atención especial a éstos.

CAPÍTULO 5
FUNDAMENTO PARA LAS ESTRATEGIAS
SELECCIÓN DEL MODELO

Evalúese en cada categoría usando la escala del 1 al 5 bajo cada una de los siguientes criterios:

A. = Sembrador de iglesias dotado (¿Qué tan dotado estoy para este modelo?)
B. = Grupo entre el cual trabajar (¿Alcanzaré a mi grupo con este modelo?)
C. = Recursos disponibles (¿Puedo hacer el trabajo con los recursos típicamente disponibles por medio de este modelo?)
D. = El objetivo final (¿Cómo encaja con mis metas a largo plazo?)
E. = Libertad (¿Tendré la libertad que necesito en este modelo?)

Ejemplo:	A	B	C	D	E
	1	5	3	5	5

Explicación: "A" con "1" significa pocos dones en esta área; "E" con "5" significa que tengo suficiente libertad paras alcanzar a mi grupo meta con este modelo.

Nota: Las áreas con los números más altos indican el modelo para el cual usted está más dotado.

MODELO	CATEGORÍAS				
	A	B	C	D	E
I. PATROCINIO					
Colonización	—	—	—	—	—
Grupo de trabajo	—	—	—	—	—
Satélite	—	—	—	—	—
Revitalización	—	—	—	—	—
Rescate	—	—	—	—	—
II. PIONERO					
Pastor	—	—	—	—	—
Iniciador	—	—	—	—	—
III. ASOCIACIÓN					
Patrocinio múltiple	—	—	—	—	—
Multicongregacional	—	—	—	—	—
Iglesia clave					

IV. PROPAGACIÓN
  Capacitación de líderes   —   —   —   —   —
  Movimientos sembradores de iglesias   —   —   —   —   —

V. GRUPOS DE GENTES
  Estilos congregacionales   —   —   —   —   —

Escriba una declaración de resumen en el siguiente espacio

_____

_____

_____

_____

_____

_____

_____

_____

_____

_____

_____

_____

_____

_____

CAPÍTULO 5

FUNDAMENTO PARA LAS ESTRATEGIAS

DECLARACIÓN RESUMEN DE LA SELECCIÓN DE MODELO

Después de llenar el cuadro de la selección del modelo escriba una declaración resumen con relación a la selección del modelo (o modelos) en los cuales ha alcanzado la nota más alta y explique por qué este modelo (o modelos) se prestaría mejor para sus esfuerzos de sembrar la iglesia. Use esta página para este resumen.

_____
_____
_____
_____
_____

Modelo (o modelos) que he escogido

_____
_____
_____

Mi razón para escoger este modelo

_____
_____
_____

Maneras en que creo que este modelo me ayudará a alcanzar a mi grupo meta o segmento de la población.

_____
_____
_____

Coordinador de Estrategia/ Multiplicador Estratégico

Lewis Myers y Jim Slack han articulado un juego de cualificaciones para la posición de Coordinador de Estrategia con la Junta de Misiones Internacionales.[5] Joe Hernandez ha añadido algunas cualificaciones que se aplican a la posición de Catalizador Estratégico con la Junta de Misiones Norteamericanas.[6] Utilizando estas pautas, evalúese a sí mismo para saber hasta qué grado usted posee estas cualificaciones y para tener una idea del progreso que se tiene que lograr si usted desea alcanzarlas.

Instrucciones: Haga un círculo en la letra que más se aplica a usted. C=Casi Siempre; F=Frecuentemente; A=A Veces; R=Rara Vez; N=Nunca. Valores: C = 5; F = 4; A = 3; R = 2; N = 1.

CUALIDAD	NIVEL DE DESTREZA				
Comprometido absolutamente a alcanzar a los perdidos	A	O	S	R	N
Enfoque singular en el grupo meta – una obsesión magnífica	A	O	S	R	N
Posee habilidades empresariales	A	O	S	R	N
Líder spiritual con un estilo de vida de renovación	A	O	S	R	N
Dotado con la dinámica de grupos – fuerte don de gente	A	O	S	R	N
Visionario – nutre y Comparte bien la visión	A	O	S	R	N
Comprometido a trabajar en el idioma del grupo meta	A	O	S	R	N
Enfatiza los puntos fuertes del frupo	A	O	S	R	N
Capaz de coordinar las variadas responsabilidades del equipo	A	O	S	R	N
Tiene habilidades de usar la computadora Estableciendo redes	A	O	S	R	N
Diseña estrategias	A	O	S	R	N
Evangeliza	A	O	S	R	N

Disciplina	A O S R N
Ministra	A O S R N
Asegura integridad doctrinal	A O S R N

Tabulación

	N(1)	R(2)	A (3)	F (4)	C (5)
Total Marcado					
Valor Total					
Grado Total		_____	_____	_____	_____

Explicación:

Total Macado: ¿Cuántos puso en la categoría N? ¿Cuántos en las categorías S, B, M. E?

Valor Total: Multiplique el número de N' por 1 (Ejemplo: 3 N le dan el valor total de 3; 3 S por 2 le da el valor de 6)

Grado Total: Sólo usa un espacio para el grado total. Número máximo de puntos es 40.
Tome su valor total y reste de 75 y esto le dará el Grado Total.
Otra forma de ver este formulario es de ver a cada factor individualmente y determinar las áreas donde necesita mejorar más

CAPÍTULO 6

FUNDAMENTO FILOSÓFICO

PARTE A

PLAN PARA SER AUTÓCTONO

Como un repaso del material en el libro de texto y para enfatizar los conceptos básicos de los enfoques autóctonos, seleccione las descripciones apropiadas (por número) y ponga el número bajo las categorías autóctonas de: auto adaptación, auto sostenimiento, auto ministerio, auto gobierno, auto funcionamiento y auto propagación

Ejemplo: Bajo Auto Adaptación ponga el número que describe mejor esta característica.

Categorías	Auto Adaptación	Auto Sostenimiento	Auto Ministerio	Auto Gobierno	Auto Funcionamiento	Auto Propagación
Ponga Números	__ __	__ __ __	__ __	__ __	__ __ __	__ __
	__ __	__ __ __	__ __	__ __	__ __ __	__ __
	__ __	__ __ __	__ __	__ __	__ __	__ __
	__ __	__ __	__ __			__
	__		__	__		

Descripción de Actividades Autóctonas

1. Las actividades de la Iglesia se llevan a cabo en el idioma más conocido
2. La música de la Iglesia se adapta a la cultura
3. Los servicios de conducen en maneras culturalmente apropiadas
4. Los miembros retienen contacto con su cultura y sus amigos
5. Las ofrendas de los miembros sostienen todas las necesidades del presupuesto de la iglesia
6. La Iglesia tiene entrenamiento de evangelismo para los miembros
7. Las nuevas congregaciones (células) son guiadas por los miembros de la iglesia
8. La Iglesia tiene un plan para ministrar a la gente de la comunidad
9. Los laicos son actives en el servicio de la iglesia
10. Los miembros asumen responsabilidad por los problemas de la iglesia
11. Las decisiones de la Iglesia son hechas con prácticas apropiadas en esa cultura
12. La Iglesia enfrenta sud propios problemas de disciplina

13. La Iglesia apoya los ministerios sociales de la denominación
14. Los miembros asumen los puestos de liderazgo de la iglesia
15. Hay un programa para entrenar a líderes en la iglesia
17. La Iglesia ayuda a los miembros que pasan por problemas
18. La iglesia tiene por lo menos una congregación nueva (célula o iglesia en un hogar) para cuando   llega a tener dos años de existencia
18. Los miembros de involucran en las decisiones de la iglesia
19. La Iglesia ha bautizado a un miembro nuevo por cada ocho miembros para el fin de su primer año
20. La iglesia provee y mantiene su propio lugar de adoración
21. La iglesia da regularmente a causas misioneras

CAPÍTULO 6
FOUNDAMENTO FILOSÓFICO

PARTE B

PLAN PARA ENSEÑAR MÉTODOS AUTÓCTONOS

Bajo cada categoría indique brevemente qué conceptos (bíblicos y misiológicos) usted enseñaría para ayudar a su grupo a crecer en una forma autóctona

Auto-Adaptación

_____

_____

_____

_____

Auto-Sostenimiento

_____

_____

_____

_____

Auto-Ministerio

_____

_____

_____

_____

_____

Auto-Gobierno

_____

_____

_____

_____

Auto-Funcionamiento

_____

_____

_____

_____

Auto- Propagación

_____

_____

_____

_____

_____

CAPÍTULO 6
ESCALA DE NIVEL AUTÓCTONO
PARTE C
AUTO-ADAPTACIÓN

1. ¿SE LLEVAN A CABO LAS ACTIVIDADES DE LA IGLESIA EN EL IDIOMA DEL PUEBLO?

    _____

    Si las actividades son en otros idiomas que no sean nacionales o regionales marque 0 o 1. Si el idioma es nacional pero no regional marque 2 o 3. Si los idiomas nacionales y regionales se usan o el idioma más común marque 4 o 5.

2. ¿SE ADAPTA LA MÚSICA EN LA IGLESIA A LA CULTURA?

    _____

    Si la mayor parte de los cantos son una traducción y se utilizan instrumentos que no son locales marque 1. Si algunos cantos con música y ritmo local se usan marque 2,3, o 4. Si muchos de los himnos tienen música local y los instrumentos son locales marque 4 o 5.

3. ¿SE CONDUCEN LOS SERVICIOS EN UNA FORMA QUE ES CULTURALMENTE APROPIADA?

    _____

    Si la hora, las formas y el orden del culto son en su mayoría reflexión de una cultura externa marque 1 o 2. Si hay algunas adaptaciones (tiempo, estilo de adoración, etc.), marque 2 o 3. Si el culto se conduce en una forma que es natural para la gente local, marque 4 o 5.

4. ¿MANTIENEN LOS MIEMBROS CONTACTO DIRECTO CON SU CULTURA Y SUS AMIGOS?

    _____

    Si las reglas de la Iglesia hacen que los miembros parezcan foráneos al los inconversos marque 1 o 2. Si los miembros encajan bien en su cultura pero algunas costumbres locales son prohibidas sin que haya sustitutos cristianos, marque 2 o 3. Si hay mucha adaptación, marque 4 o 5.

5. ¿ES LA MAYORÍA DE LA MEMBRESÍA DE UN GRUPO HOMOGÉNEO?

_____

Si la mayoría de la membresía es una mezcla racial y social, marque I o 2. Si la membresía tiene un balance entre varios grupos culturales, marque 3. Si la mayoría de la membresía es de un grupo homogéneo, marque 4 o 5.

Total _____

0   5   10   15   20   25

Escala Autóctona: Auto-Adaptación

ESCALA AUTÓCTONA: AUTO-SOSTENIMIENTO

1. ¿SUPLEN LAS CONTRIBUCIONES DE LOS MIEMBROS TODAS LAS NECESIDADES FINANCIERAS DE LA IGLESIA?

Si se necesitan subsidios para suplir las necesidades financieras, marque 1 o 2, de acuerdo con el porcentaje. Si la mitad o más del apoyo financiero viene de los miembros, marque 3 o 4. Si no se necesita ningún subsidio, marque 5.

2. ¿CUMPLE LA IGLESIA TODAS SUS OBLIGACIONES FINANCIERAS CON LAS CONTRIBUCIONES DE LOS MIEMBROS?

Si se cumplen todas las necesidades, marque 4 o 5. Si algunas de las obligaciones no se cumplen regularmente (pagos de préstamos, contribuciones a la asociación, ministerio social), marque de acuerdo con el nivel, 3, o 2, o 1.

3. ¿PROVEE LA IGLESIA SU PROPIO LUGAR DE ADORACIÓN?

Si provee el lugar sin ninguna ayuda externa, marque 5. Si la iglesia recibió o recibe ayuda externa para proveer el lugar de adoración, marque 4, 3, 2, o 1 de acuerdo con la proporción de ayuda..

4. ¿MANTIENE LA IGLESIA SU PROPIO LUGAR DE ADORACIÓN?

Si la Iglesia mantiene adecuadamente su lugar de adoración, marque 5. Si la iglesia necesita subsidio para el mantenimiento, marque 1 o 2. Si la iglesia no recibe ayuda externa para mantener su lugar de adoración pero el lugar no se mantiene adecuadamente, marque 1 o 2. Si la iglesia asume la mayor parte de la responsabilidad por el mantenimiento, marque 3 o 4.

5. ¿DA LA IGLESIA REGULARMENTE A CAUSAS MISSIONERAS Y SOCIALES?

Si e 10% o más son dados para causas misioneras y sociales, marque 5. Si es menos, marque de acuerdo con la proporción.

Total _____

0   5   10   15   20   25

Escala Autóctona: Auto-Sostenimiento

ESCALA AUTÓCTONA: AUTO-MINISTERIO

1. ¿TIENE LA IGLESIA UN PLAN DE MINISTERIO SOCIAL?

   _____

   Si el plan funciona regularmente, marque 4 o 5 dependiendo en los resultados o plan Irregular, marque 2 o 3. Si casi no usa el plan, marque 1 o 2. Si no hay un plan, marque 0.

2. PARTICIPA LA IGLESIA EN PLANES DE BENEVOLENCIA PROMOVIDOS POR EL GOBIERNO?

   _____

   Si la Iglesia participa en la mayoría de los programas de benevolencia promovidos por el gobierno (nacional y local) que son adecuados para que la iglesia participe, marque 4 o 5.Si sólo en raras ocasiones, marque 2 o 3. Si la Iglesia nunca participa, marque 1 o 0. Nota: No incluya este factor si la Iglesia está en un ambiente hostil o diseñe maneras de hacer adaptaciones

3. ¿AYUDA LA IGLESIAS A VÍCTIMAS DE DESASTRES ADEMÁS DE SUS MIEMBROS?

   _____

   Si hay un plan para ayudar a personas que no son miembros, marque 3, 4, 5 de acuerdo con la forma en que se usa. Si el plan se usa muy poco, marque 2 o 3. Si no hay un plan o casi no se usa, marque 0 o 1.

40

4. ¿ENFATIZA LA IGLESIA LA CIUDADANÍA CRISTIANA?

_____

Si se ha tenido un énfasis en la ciudadanía Cristiana en los últimos dos años, marque 4 o 5 dependiendo en la participación de los miembros. Si el ultimo énfasis se tuvo hce más de dos años, marque 1, 2, or 3. Si nunca ha habido un énfasis, marque 0. Nota: No incluya este factor si la iglesia está en un ambiente hostil o diseñe maneras de hacer adaptaciones.

5 ¿APOYA LA IGLESIA LOS MINISTERIOS SOCIALES DE LA DENOMINACIÓN?

Si apoya la mayoría de los ministerios, marque 4 o 5. Si no apoya estos ministerios, marque 1, 2, o 3 de acuerdo con el nivel de apoyo..

TOTAL

_____

| 0 | 5 | 10 | 15 | | 20 | 25 |

Escala Autóctona: Auto-Ministerio

ESCALA AUTÓCTONA: AUTO GOBIERNO

1.¿UTILIZA LA IGLESIA MODELOS DE HACER DECISIONES QUE SON APROPIADOS EN SU SOCIEDAD?

_____

Si los modelos de hacer decisiones son foráneos a la sociedad, marque 1 o 2. Si los modelos de hacer decisiones son adaptados a la cultura local, marque 3 o 4. Si el modelo de gobierno es muy similar al de la cultura local, marque 5.

2. ¿ESTÁN LAS CONGREGACIONES LOCALES LIBRES DE CONTROL DE AGENCIAS MISIONERAS EXTERNAS?

_____

Si los misioneros o la agencia misionera controla a la iglesia local, marque 0 o 1. Si la iglesia está libre del control de los misioneros pero los misioneros controlan indirectamente, marque 2 o 3. Si la iglesia está libre del control de los misioneros, marque 4 o 5.

41

3.   ¿MANEJA LA IGLESIA SUS PROPIOS PROBLEMAS DE DISCIPLINA?

_____

Grupos fuera de la Iglesia (misión, misioneros, organización central) asumen la responsabilidad por la disciplina, marque 1 o 2. Si la iglesia asume esta responsabilidad, marque 4 o 5. Si la Iglesia tiene la responsabilidad pero hace caso omiso de la necesidad de imponer la disciplina, marque 2 o 3.

---

4.   ¿SE INVOLUCRAN LOS MIEMBROS EN LAS DECISIONES DE LA IGLESIA?

_____

Si el lider (pastor o otro) o un grupo pequeño hace las decisiones sin consultar con los miembros, marque 1 o 2. Si los miembros tiene voz y voto, marque 3,4 o 5.

Total   _____

    0   5   10   15   20   25

Escala Autóctona: Auto-Gobierno

ESCALA AUTÓCTONA: AUTO-FUNCIONAMIENTO

1.   ¿PUEDEN LOS MIEMBROS LOCALES LLENAR TODOS LOS PUESTOS DE LIDERAZGO EN LA IGELSIA?

_____

Si muchos de los puestos son llenados por personas que no son miembros locales, marque 1 o 2. Si la mayor parte de los puestos son llenados por miembros locales, marque 3. Si todos lso puestos son llenados por miembros locales, marque 4 or 5.

2.   ¿TIENE LA IGLESIA UN PROGRAMA PARA ENTRENAR LÍDERES?

_____

Si hay un programa continuo para entrenar y los miembros están siendo entrenados, marque 4 o 5. Si el programa de entrenar de la Iglesia es irregular o pocos están siendo entrenados, marque 3 o 2.Si el programa se usa en raras ocasiones o no hay un programa, marque 1 o 0.

3.   ¿SON ACTIVOS LOS LAICOS EN EL SERVICIO DE LA IGLESIA?

_____

Si se usan los laicos en cada nivel del liderazgo de la iglesia (bautismos, las ordenanzas, etc.), marque 5. Si los laicos se usan en formas limitadas, marque 4 o 3

42

de acuerdo con el nivel. Si los laicos son básicamente observadores y el trabajo de la iglesia está en las manos del clero profesional, marque 1

4. ¿ASUMEN LOS MIEMBROS RESPONSABILIDAD POR LOS PROBLEMSA DE LA IGLESIA?

_____

Si los miembros dependen en los misioneros y el pastor cuando surgen problemas (tales como finanzas, morales, amenazas, etc.) marque 1, 2, o 3. Si los miembros mismos asumen responsabilidad por los problemas de la iglesia, marque 3,4, o 5 dependiendo en el nivel de responsabilidad..

6. ¿AYUDA LA IGLESIA A LOS MIEMBROS QUE SUFREN PERCANCES?

_____

¿Es éste un programa regular y bien administrado, marque 4 o 5. Si se hace caso omiso o casi nunca se utiliza, marque 1, 2, o 3.

Total

_____

0   5   10   15   20   25
Escala autóctona: Auto-Funcionamiento

ESCALA AUTÓCTONA: AUTO-PROPAGACIÓN

1. ¿TIENE LA IGELSIA MISIONES O CENTROS DE EVANGELISMO?

_____

Si tienen una misión o centro de evangelismo por cada 25 miembros, marque 5. Si hay uno por cada 50 miembros, marque 4. Si hay uno por cada 100 miembros, marque 3. Si hay uno por cada 200 miembros, marque 2. Si hay un plan pero aun no se ha comenzado, marque 1. Si no hay misiones ni centros de evangelismo y no hay planes de tenerlos, marque 0.

2 ¿ HA COMENZADO LA IGELSIA UNA NUEVA MISIÓN O CENTRO DE EVANGELISMO EN LOS ÚLTIMOS DOS AÑOS?

_____

Si la respuesta es sí, marque 5. Si el último se comenzó hade tres o cuatro años, marque 4. Si el ultimo se comenzó hace cinco años, marque 3. Si el último se comenzó hace más de ocho años, marque 2. Si la iglesia no ha comenzado misiones en los últimos diez años, marque 1. Si nunca, marque 0.

3. ¿HA TENIDO LA IGLESIA UN CURSO DE EVANGELISMO PERSONAL?

_____

Si el curso se tuvo en los últimos tres años, marque 4 o 5 dependiendo en el número de participantes. Si el curso se tuvo hace dos años, marque 2 o 3. Si se tuvo hace más de cinco años, marque 1. Si no ha tenido un curso, marque 0.

4. ¿SON GUIADAS LAS MISIONES POR LOS MIEMBROS DE LA IGLESIA?

_____

Si los miembros trabajan en las misiones, marque 4 o 5. Si sólo el pastor y o estudiantes de un Seminario guían estas misiones, marque 2 o 3. Si los miembros rara vez sirven en estas misiones, marque 1.

5. ¿BAUTIZÓ LA IGLESIA UN MIEMBRO NUEVO POR CADA OCHO MIEMBROS EL AÑO PASADO?

_____

Si la respuesta es sí, marque 5. Si fue uno por cada 15 miembros, marque 4. Si fue uno por cada 30 miembros, marque 3. Si bautizó uno por cada 60 miembros, marque 2. Si fue menos que esto, marque 1. Si no bautizó a nadie, marque 0.

Total

```
_____
0     5     10     15     20     25
```
Escala Autóctona: Auto-Propagación

ESCALA AUTÓCTONA GENERAL

Después que la Iglesia ha sido evaluada en cada una de las seis categorías, se saca el promedio de las calificaciones. Por ejemplo, una Iglesia que recibe el número de 10 en relación a auto-adaptación y auto-determinación, 5 por auto-ministerio, y 5 por auto propagación, alcanza una evaluación general de 9. Este resultado se marca en la escala autóctona general como se ve abajo.

```
                       X
0     5     10     15     20     25
```
Escala Autóctona: General

En términos generales, esta Iglesia no tiende a ser autóctona.

Obviamente gran parte de la evaluación se subjetiva en la escala autóctona. Esto no se puede evitar. Esta subjetividad se puede reducir al pedir a tres personas que evalúen a la Iglesia independientemente. Luego se puede sacar el porcentaje de las tres personas que han hecho la evaluación y esta puede ser una indicación del nivel al cual la iglesia es autóctona.

Las escalas de niveles autóctonos son diseñados principalmente pare Iglesias locales. Las escalas se pueden adaptar fácilmente a una denominación entera o un grupo de Iglesias de la siguiente manera (También, la distribución de frecuencia se puede trazar.)

Sume y saque el porcentaje de cada iglesia *en cada pregunta de todas las seis categorías.* Por ejemplo, un grupo de ocho iglesias recibió grados de 2,4,3,2,3,3,3, y 4 en la primera pregunta auto-adaptación. El total (24) dividido por el número de iglesias (8) produce un promedio de 3. Esta cifra, junto con los promedios de cada una de las otras cuatro preguntas fueron usadas para construir la escala con relación a auto- adaptación. Repita este procedimiento en cada una de las seis categorías. Las cifras de cada categoría entonces se utilizan para formular una escala general del nivel al cual el grupo es autóctono. Por ejemplo, las ocho Iglesias mencionadas encontraron que alcanzaron una calificación de 15 en auto-adaptación, 10 en auto-funcionamiento, 10 en auto-sostenimiento 15 en auto-gobierno, 20 en auto-ministerio y 20 en auto-propagación. Estas cifras producen un promedio de 15. Si se trazan en la escala autóctona general, esta cifra revela lo que se ve abajo:

x

0   5   10   15   20   25
Escala Autóctona General
Esta Iglesia tiende a ser autóctona.

Las escalas autóctonas no solo revelan el nivel de la Iglesia (o Denominación) sino el punto exacto en el cual la Iglesia necesita mejorar hacia el ideal de ser autóctona. Si el grupo encuentra que recibe una calificación baja en cuanto a auto-gobierno, éste puede concentrar en mejorar en este punto. Además, al tomar nota de las áreas en las cuales se necesita mejorar, la Iglesia puede concentrar en estas áreas.

CAPÍTULO 7
AUTOEVALUACIÓN
PARTE A : CALIFICACIONES GENÉRICAS
TIPO DE EVALUACIÓN OBJETIVA

Instrucciones: Haga un círculo alrededor de la letra que se aplica más a usted.
C=Casi Siempre; F=Frecuentemente; A=A Veces; R=Rara Vez; N=Nunca

CALIFICACIÓN	NIVEL DE ERUDICIÓN				
	BAJA				ALTA

I. ESPIRITUAL

1. Cristiano decicado	C	F	A	R	N
2. Llamado por Dios para sembrar una iglesia	C	F	A	R	N
3. Un alto nivel de fe	C	F	A	R	N
4. Madurez espiritual	C	F	A	R	N
5. Dotado espiritualmente	C	F	A	R	N

II. PERSONAL

6. Motivado intrínsecamente	C	F	A	R	N
7. Personalidad amigable	C	F	A	R	N
8. Madurez sicológica	C	F	A	R	N
9. Apoyo del cónyuge y familia Administración casera / soltería	C	F	A	R	N
10. Flexibilidad y adaptabilidad	C	F	A	R	N
11. Vitalidad física	C	F	A	R	N
12. Se relaciona con los inconversos	C	F	A	R	N
13. Comprometido con el iglecrecimiento	C	F	A	R	N
14. Responde a la comunidad	C	F	A	R	N
15. Valora a otros	C	F	A	R	N

III. ADMINISTRATIVAS

16. Deseoso y capaz de liderar	C	F	A	R	N
17. Líder y seguidor / siervo	C	F	A	R	N
18. Planeador de acción eficaz	C	F	A	R	N
19. Mantiene/expande apoyo financiero	C	F	A	R	N
20. Capacidad visionaria	C	F	A	R	N
21. Crea pertenencia del ministerio	C	F	A	R	N
22. Utiliza los dones de otros	C	F	A	R	N
22. Crea unidad	C	F	A	R	N
24. Experiencia evangelizadora	C	F	A	R	N
25. Experiencia en discipular	C	F	A	R	N

TABULACIÓN

Dimensión	Total # de A, R, N respuestas	¿Necesita Mejorar?
I. Espiritual		
II. Personal		
III. Administrativo		

Saque el número total de respuestas A, R, & N bajo cada categoría y póngalas en el formulario. A la luz de lo que usted cree que sea el contexto adecuado, diseñe un plan para mejorar en las áreas que necesitan atención. Para una evaluación más extensa y planes de acción llene el formulario en Parte A-2

Otra forma de tabular es la de asignar un número a cada letra (C=5; F=4; A=3; R=2; N=1) y tomar el total de los puntos y dividirlo por el número de factores en esa sección. Ejemplo: El segmento Espiritual tiene 5 factores (Cristiano dedicado, etc.). Si usted sacó 20 puntos y los divide por 5, su promedio es 4 (que equivale a "F". Esto le dará el promedio para esa sección. Usted lo puede hacer para el cuestionario entero, por ende, el promedio sería de 5 = altamente preparado; 4 = preparado; 3 = algo preparado; 2 = no preparado; and 1 = seriamente no preparado. Esto le puede dar una idea de su preparación para la plantación de iglesias y una indicación de las áreas en las cuales necesita mejorar. Usted puede usar esta forma de tabular para el cuestionario total.

47

CAPÍTULO 7

PARTE A-2 (CONTINUACIÓN)

EVALUACIÓN

Ya que haya tomado la evaluación personal, estas son algunas de las cosas a las cuales debe dar atención.

I. EVALÚESE A SÍ MISMO

Repase cada factor y pregúntese:

1. ¿En qué dio evidencia de que está fuerte? _____

2. ¿En qué áreas dio evide5.ncia de que está débil?_____

3. ¿En qué áreas está ambivalente?_____

4. ¿En qué áreas dio evidencia de que necesita desarrollar:

1) Comprensión_____
    _____

2) Actitudes_____
    _____

3) Habilidades_____
    _____

4) Conocimiento_____
    _____

5) Relaciones_____
    _____

6) Disciplina_____
    _____

II. Diseñando Una Estrategia

A la luz de los conocimientos obtenidos a través de este asesoramiento, diseñe una estrategia que incluya las siguientes opciones:

1. Cursos (talleres, estudio individual, etc.) que necesito para fortalecer áreas
    específicas

_____

_____

2. Experiencias que necesito tener (p. eje., Mentorías, Internados, etc.).

_____

_____

_____

3 Consejería que necesito en áreas específicas

_____

_____

_____

_____

_____

4. Relaciones que fortalecer (p.eje., esposo(a), inconversos, grupo meta, miembros
    del equipo, apoyadores financieros, líderes denominacionales, líderes de la
    comunidad, personas apoyadoras (religiosas and seculares).

_____

_____

_____

4 Disciplinas que necesito desarrollar (p. eje., espirituales, relacionales,
    intelectuales, morales, etc.).

_____

_____

_____

5. Otras áreas que necesito desarrollar que me han indicado my esposo(a) (si se
aplica), amigos cercanos, autores de libris, otros

_____

_____

_____

III. Determina Cuan Preparado Estoy Para Plantar Iglesias

Seleccione la opción que se aplica más a usted u dé razones por las cuales escogió esta opción

Como resultado de esta encuesta, estoy convencido que::
1.	Estoy listo para plantar Iglesias ahora mismo
2.	No soy llamado para plantar iglesias
3.	Estoy dispuesto para plantar Iglesias pero necesito entrenamiento y la dirección de un mentor
4.	**Soy llamado para ser plantador de iglesias pero necesito esperar para** obtener más entrenamiento y experiencia

La opción que escogí es # _____
Las razones por las cuales escogí esta opción son las siguientes:

_____
_____
_____
_____
_____
_____
_____
_____
_____
_____
_____
_____
_____
_____
_____
_____
_____
_____

CAPÍTULO 7

PARTE B

FUNDAMENTO DE LIDERAZGO

AUTOEVALUACIÓN
(CUALIFICACIONES ESPECIALIZADAS)
MODELOS PIONEROS, PROPAGACIÓN Y GRUPOS CULTURALES

Cualificaciones especializadas: Además de las cualificaciones genéricas, hay cualificaciones especializadas que se relacionan a los modelos de plantación de iglesias pioneros, propagación y grupos culturales. A menudo estos se relacionan a servicio misionero en otros países tanto como en los grupos trans culturales en los Estados Unidos.

Instrucciones: Haga un círculo alrededor de la letra que más se aplique a usted..
C=Casi Siempre; F=Frecuentemente; A=A veces; R=Raras veces; N=Nunca

CALIFICACIONES	NIVEL DE HABILIDAD				
	BAJO			ALTO	

I. ESPIRITUAL

1. Seguiré a Cristo en todo el mundo hoy	C	F	A	R	N
2. Trabajaré en la Misión cristiana en el mundo	C	F	A	R	N

II. PERSONAL

1. Capacidad para experimentar soledad	C	F	A	R	N
2. Iniciar cosas por cuenta propia	C	F	A	R	N
3. Información de la política internacional	C	F	A	R	N
4. Enfático en las habilidades contextuales	C	F	A	R	N
5. Habilidades médicas básicas	C	F	A	R	N
6. Capacidad para adaptabilidad social	C	F	A	R	N
7. Habilidad con la computadora	C	F	A	R	N

II. ADMINISTRACIÓN

1. Cruza fronteras políticas (foráneo/extranjero) **C**   **F**   **A**   **R**   **N**

2. Ministra interculturalmente   **C**   **F**   **A**   **R**   **N**

3. Prioridad: de alcanzar pueblos no
   evangelizados   **C**   **F**   **A**   **R**   **N**

4. Coopera con otros en la Gran Comisión   **C**   **F**   **A**   **R**   **N**

1. Sirve como misionero profesional   **C**   **F**   **A**   **R**   **N**

2. Enfoca el grupo entre el cual trabaja
   como vocación   **C**   **F**   **A**   **R**   **N**

3. Sensibilidad a las leyes nacionales
   concernientes a la evangelización   **C**   **F**   **A**   **R**   **N**

4. Ser apolítico y seguro en un estado
   hostil, que expele o prohibe   **C**   **F**   **A**   **R**   **N**

5. Ser no tradicional cuando las misiones
   tradicionales son imposibles   **C**   **F**   **A**   **R**   **N**

6. Estar sin residencia, si es necesario para
   alcanzar el grupo entre el cual trabaja   **C**   **F**   **A**   **R**   **N**

7. Ser movible y flexible aunque residente
   con la familia a la vez   **C**   **F**   **A**   **R**   **N**

8. Demostrar capacidad de recuperación   **C**   **F**   **A**   **R**   **N**

TABULACIÓN

Dimensión	Total # de A, R, N respuestas	¿Necesita Mejorar?
IV. Espiritual		
V. Personal		
VI. Administrativo		

Saque el número total de respuestas A, R, & N bajo cada categoría y póngalas en el formulario. A la luz de lo que usted cree que sea el contexto adecuado, diseñe un plan para mejorar en las áreas que necesitan atención. Para una evaluación más extensa y planes de acción llene el formulario en Parte A-2

Otra forma de tabular es la de asignar un número a cada letra (C=5; F=4; A=3; R=2; N=1) y tomar el total de los puntos y dividirlo por el número de factores en esa sección. Ejemplo: El segmento Espiritual tiene 5 factores (Cristiano dedicado, etc.). Si usted sacó 20 puntos y los divide por 5, su promedio es 4 (que equivale a "F". Esto le dará el promedio para esa sección. Usted lo puede hacer para el cuestionario entero, por ende, el promedio sería de 5 = altamente preparado; 4 = preparado; 3 = algo preparado; 2 = no preparado; and 1 = seriamente no preparado.

CAPITULO 7
PARTE B-2

FUNDAMENTO DE LIDERAZGO
EVALUACIÓN DE LA AUTOEVALUACIÓN

Instrucciones:

Una vez que haya tomado la prueba de la autoevaluación, hay algunas cosas que tiene que reconsiderar.

I. **REVISE CADA ASUNTO Y RESPONDA LAS SIGUIENTES PREGUNTAS:**

1. ¿En que áreas dio evidencia que usted está fuerte?

2. ¿En qué áreas dio evidencia que usted está débil?

3. ¿En qué áreas dio evidencia que usted es ambivalente?

4. ¿Qué tan típicas fueron las áreas que seleccionó para toda la vida?

5. ¿En qué áreas se evidenció que usted necesita superación y desarrollo?
   1) Entendimiento
   2) Actitudes
   3) Habilidades
   4) Conocimiento
   5) Relaciones
   6) Disciplinas

II. **DISEÑE LA ESTRATEGIA DE DESARROLLO**

A la luz de las ideas ganadas por medio de esta prueba de autoevaluación, diseñe la estrategia de desarrollo que puede incluir los siguientes asuntos:

1. Cursos (talleres, estudio individual, etc.) que se necesita para fortalecer áreas específicas.

_____

_____

_____

2. Experiencias que tengo que adquirir (p ej., mentoría, internado, etc.).

_____

_____

_____

3. Conserjería que se necesita en áreas específicas

_____

_____

_____

4. Relaciones que tienen que cultivarse (p. ej., cónyuge, los que no asisten a la iglesia, el grupo entre el cual va a trabajar, el equipo de miembros potenciales, auspiciadores potenciales, los que apoyan, líderes denominacionales, líderes de la comunidad, recurso de personas (religiosas y seculares).

_____

_____

_____

5. Disciplinas que se tienen que desarrollar (p. ej., espirituales, relacionales, intelectuales, morales, etc.).

_____

_____

_____

6. Otras áreas de desarrollo futuro que han surgido indicadas por el Señor, mi esposa, amigos allegados, autores, otros.

_____

_____

_____

III   DETERMINE LO APROPIADO QUE ESTÁ PARA SEMBRAR UNA IGLESIA

Como resultado de esta prueba, estoy convencido que:

1. Estoy listo para sembrar una iglesia ahora
2. No soy llamado ni estoy equipado para ser sembrador de iglesias
3. Estoy deseoso de participar en sembrar una iglesia ahora, pero con entrenamiento y con la guía de un mentor.
4. Soy llamado a ser un sembrador de iglesias pero debo esperar para tener más entrenamiento y experiencia.

IV. OBTENGA IDEAS ADICIONALES DE OTROS

Después de seguir los pasos precedentes ayuda obtener ideas adicionales de otros que lo conocen bien y de los que tiene experiencia en sembrar iglesias. Muéstreles los resultados de esta prueba y consiga su evaluación y sugerencias. Sobre todo, invierta tiempo en oración y reflexión buscando la voluntad de Dios con relación a su participación en sembrar iglesias. **Nota: Las Partes C y D sólo aparecen en el manual en Inglés.**

CAPÍTULO 7

PARTE E

ASESORAMIENTO

Si usted ha tomado el análisis "DISC," utilice el cuadro que aparece abajo y haga un círculo en las letras que describen más acertadamente a usted. [7] Luego, utilizando el espacio abajo escriba las implicaciones de su papel en un equipo de plantar iglesias.

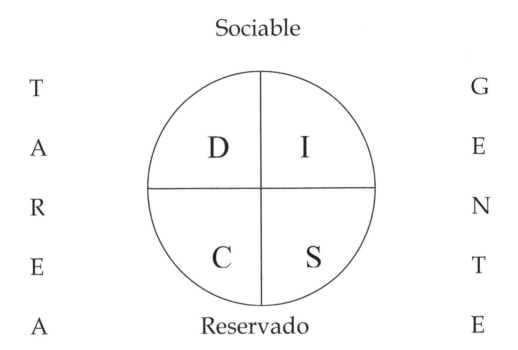

Explicación: "Tarea" = Orientado a cumplir tareas; "Gente" = Orientado hacia la gente; "Sociable" = extrovertido; "Reservado" = introvertido. D=Dominio, I= Inducimiento, S= Sumisión y C= Condescendencia.

Indique dónde está usted en este cuadro y explique las implicaciones:

Varios autores han diseñado perfiles de personalidades utilizando estas características bajo la rúbica "DISC."[8]

CAPÍTULO 7
Parte F
RELACIONANDOSE A OTRAS CULTURAS

En el siguiente análisis evaLúese en términos de sus ideas y actitudes en cuanto a Grupos de Otras Culturas ("GOC"). N= Necesito mejorar; S = Satisfactorio; B = Bueno; M= Muy Bueno; E = Excelente. Haga un círculo en la letra que mejor le describe a usted.

Factor   Evaluación

Aspecto	N	S	B	M	E
Grado	1	2	3	4	5
Tener amigos entre GOC	N	S	B	M	E
Aprender otro idioma	N	S	B	M	E
Adaptarme a otras culturas	N	S	B	M	E
Vivir entre GOC	N	S	B	M	E
Reconocer el valor de GOC	N	S	B	M	E
Comer comidas de GOC	N	S	B	M	E
Aprender de GOC	N	S	B	M	E
Pasar tiempo con GOC	N	S	B	M	E
Servir bajo lider de GOC	N	S	B	M	E
Estudiar la cosmovisión de GOC	N	S	B	M	E
Aprender las costumbres de GOC	N	S	B	M	E
Dispuesto a vencer estres dultural	N	S	B	M	E
Apreciar el arte de GOC	N	S	B	M	E

Amar a GOC	N	S	B	M	E
Compartir el evangelio con GOC	N	S	B	M	E
Discipular a GOC	N	S	B	M	E
Animar a GOC a comenzar iglesias	N	S	B	M	E
Entrenar líderes de GOC	N	S	B	M	E
Orar con GOC	N	S	B	M	E
Adorar con GOC	N	S	B	M	E

Tabulación

	N(1)	S(2)	G (3)	V (4)	E (5)
Total Marcado					
Valor Total					
Grado Total					

Explicación:
Total Marcado: ¿Cuántos puso en la categoría N? ¿Cuántos en las categorías S, B, M. E?
Valor Total: Multiplique el número de N' por 1 (Ejemplo: 3 N le dan el valor total de 3; 3 S por 2 le da el valor de 6)
Grado Total: Sólo usa un espacio para el grado total. Número máximo de puntos es 100. Tome su valor total y reste de 100 y esto le dará el Grado Total.
Otra forma de ver este cuadro es ver a cada factor individualmente y determinar las áreas en las cuales necesita mejorar

CAPÍTULO 8

FUNDAMENTO FINANCIERO

PLAN DE SOSTENIMIENTO FINANCIERO

El plan para mi sostenimiento (y el de mi familia) mientras que siembro la iglesia es:

I. Sostenimiento denominacional como:

1. Sembrador-pastor de iglesia

2. Sembrador de iglesias centrales

3. Sembrador-iniciador de iglesia

4. Sembrador de iglesias estratega

5. Coordinador de la estrategia

6. Ministro de misiones

7. Otro

II. Financiamiento proveniente de la iglesia madre

Muchos sembradores tienen su sostenimiento financiero de la iglesia madre, estas son iglesias que tienen la visión de sembrar la iglesia y dedican fondos para nuevas congregaciones.

Mis planes para obtener sostenimiento de la iglesia auspiciadora son:

_____

_____

_____

III. Sembrador de iglesias bivocacional

Mis planes para ser sembrador de iglesias bivocacional son:

_____

_____

_____

_____

_____

IV. Trabajo en equipo

Mis planes para desarrollar trabajo en equipo son:

_____

_____

_____

_____

V. Ministros de Misiones

Muchas iglesias ahora tienen en su personal a quienes llaman "Ministros de Misiones.".

Mis planes para ser Ministro de Misiones son:

_____

_____

_____

_____

_____

VII. Donantes interesados

Hay muchas ocasiones en las cuales el sembrador de iglesias recluta a personas con recursos financieros para proveer el sostenimiento necesario para iniciar la nueva iglesia. Esto generalmente requiere contactar personalmente a donantes potenciales, haciéndoles una presentación que declara la visión, los desafía a contribuir para esta digna causa y los mantiene informados en base regular del progreso que está logrando.

Mis planes para reclutar donantes interesados en sostener el ministerio de sembrar la iglesia son:

_____

_____

_____

VI. Otro

Mis planes para sostener el ministerio de sembrar iglesias son:

_____

_____

_____

_____

_____

DECLARACIÓN DE RESUMEN

A la luz de la información anterior, mi intención es usar el siguiente tipo de sembrador de iglesias:

_____

_____

_____

_____

_____

_____

_____

_____

Tengo la intención de utilizar el siguiente tipo de sostenimiento:

_____

_____

_____

_____

_____

_____

_____

_____

CAPÍTULO 9
LA VISIÓN Y LA MISIÓN
CLARIFIQUE LA VISIÓN DADA POR DIOS

A la luz de la información anterior y después de invertir tiempo en oración creo que la visión que Dios me ha dado para la siembra de la iglesia en esta comunidad en particular o para trabajar con este grupo de personas es:

_____
_____
_____
_____

La visión para la nueva iglesia me ofrece el siguiente cuadro de logros de aquí a cinco años:

1. Membresía
2. Asistencia al servicio de adoración
3. Asistencia a la Escuela dominical (o grupo celular)
4. Programa evangelizador
5. Impacto a la comunidad
6. Sembrar otras iglesias
7. Impacto en las misiones globales
8. Número de grupos celulares
9. Número de iglesias en hogares
10. Número de líderes entrenados

El tema o eslogan que mejor capta y expresa mi visión en pocas palabras es:

_____
_____

Declaración de Misión

A la luz de la discusión de la aclaración de Misión y después de orar y meditar, articule la formulación de la Misión con su equipo sembrador.

Nuestra misión es:

_____
_____
_____
_____

CAPÍTULO 10
RELACIONES DE APOYO
RELACIONES PARA SEMBRAR IGLESIAS

El propósito de este formulario es animar al sembrador de iglesias a reflexionar en la clase de relaciones y acuerdos que necesita establecer a fin de que el trabajo de la nueva congregación progrese armoniosamente. **TRABAJE SÓLO EN LA SECCIÓN QUE SE RELACIONA CON EL MODELO DE SEMBRAR IGLESIAS QUE HA SELECCIONADO.**

PARTE A
ACUERDOS DEL MODELO DE IGLESIA MADRE

Cuando se emplea el modelo de iglesia madre existen varios acuerdos que son esenciales a fin de establecer la relación apropiada tanto como el desarrollo de la nueva congregación hacia la meta de llegar a ser una iglesia autónoma.

La comisión de misiones y el pastor de la iglesia patrocinadora tienen que reunir con los líderes de la congregación hija para elaborar estos acuerdos. Estos acuerdos deben incluir cocas como:

1.   La recepción de los nuevos miembros de la congregación hija:

    a.   ¿Quién tiene que votar para recibirlos?

    b.   ¿Dónde serán presentados?

    c.   ¿Dónde se guardarán los registros de la membresía?

2.   El manejo de las finanzas:

    a.   Salario del pastor

        Beneficios

        Seguros

    b.   Cuenta de cheques bancarios

    c   Cantidad del presupuesto de la iglesia madre

    d.   Firmas para los cheques

    e.   Fondos designados para causas misioneras

    f.   Procedimientos de contabilidad

_____

_____

_____

_____

_____

_____

3.   **Gobierno de la iglesia (el papel de la nueva congregación al tomar decisiones)**

   Escriba el acuerdo:

_____

_____

_____

_____

_____

4.   **Procedimientos para reportar**

   Escriba el acuerdo:

_____

_____

_____

_____

_____

5.   **Procedimiento para llamar pastor:**

   Escriba el acuerdo:

_____

_____

_____

_____

_____

_____

6. **La administración de las ordenanzas:**
   Escriba el acuerdo:

   _____
   _____
   _____
   _____
   _____
   _____

7. **El apoyo financiero de parte de la iglesia madre:**
   Escriba el acuerdo:

   _____
   _____
   _____
   _____
   _____
   _____

8. **Criterios para determinar cuándo la nueva congregación estará lista para ser una iglesia autónoma**
   Escriba el acuerdo:

   _____
   _____
   _____
   _____
   _____
   _____

9. **Si el grupo de trabajo es el modelo usado, establezca el plan para que**

los miembros del grupo núcleo regresen a la iglesia madre

Escriba el plan:

_____

_____

_____

_____

_____

_____

10.   Si se emplea el modelo es revitalización, cite a una reunión para acordar los

siguientes asuntos:

a.   La iglesia decadente vuelve al estado de congregación hija

b.   Se nombre la comisión de transición

c.   Capacitación de miembros de la congregación hija

d.   Estudio de la comunidad

e.   Se emplea a un pastor nuevo

f.   Se lanza públicamente la congregación revitalizada

11.   Si el proyecto de rescate es el empleado, tenga una reunión para acordar los siguientes asuntos:

_____

_____

_____

_____

_____

_____

a.   Fecha acordada cuando la antigua congregación cesa de funcionar

b.   La propiedad se traspasa a la iglesia auspiciadora

c.   Se nombra la comisión de misiones de la iglesia auspiciadora

d.   Tiempo apropiado para renovar el edificio

e.   Se recluta el nuevo liderazgo pastoral

f.   Se estudia el nuevo grupo entre el cual se trabajará

g.   Se diseña la estrategia para sembrar la nueva iglesia

h.   Se inicia públicamente la nueva congregación

PARTE B
MODELO DE ACUERDOS DE ASOCIACIÓN

Patrocinio múltiple

1. ¿Cómo participarán las varias iglesias patrocinadoras en el sostenimiento financiero de la nueva congregación?

_____

_____

_____

_____

2. ¿Cómo se coordinara la provisión de personal, materiales, publicidad, transporte y facilidades de las iglesias patrocinadoras?

_____

_____

_____

_____

3. ¿Cómo se establecerá la comisión coordinador de las iglesias patrocinadoras?

_____

_____

_____

_____

4. ¿A quién le reportará el sembrador de iglesias?

_____

_____

_____

_____

Multicongregacional

1. ¿Qué acuerdo de pacto tiene que establecerse a fin de garantizar los términos de la asociación de las varias congregaciones que constituyen este modelo?

    _____

    _____

    _____

    _____

2. ¿Cómo se establecerá un concilio ejecutivo de los miembros líderes de cada congregación?

    _____

    _____

    _____

    _____

3. ¿Cómo se manejarán los acuerdos financieros?

    _____

    _____

    _____

    _____

4. ¿Cómo se hará la asignación de espacio y otros recursos?

    _____

    _____

    _____

    _____

5.   ¿ Que planes pueden trazar a fin de que las congregaciones participen en experiencias de adoración (p. ej., la Cena del Señor)?

_____

_____

_____

_____

6.   ¿Qué acuerdos se necesitan a fin de asegurar que las diversas congregaciones tengan la libertad de expresar su vida congregacional (p. ej., Liderazgo, estilos de culto) en formas que concuerdan con su cultura?

_____

_____

_____

_____

7.   ¿Qué acuerdo se necesitará por parte de los pastores existentes y futuros de estas congregaciones a fin de garantizar su compromiso con este estilo?

_____

_____

_____

_____

8.   ¿Qué acuerdo se necesita a fin de que las congregaciones que crecen con rapidez tengan libertad de independizarse en el caso de ser necesario?

_____

_____

_____

_____

9.   ¿Que acuerdos se necesitan para alistar otras congregaciones o empezar algunas nuevas si se dispone de espacio para ellas?

_____

_____

_____

_____

Modelo de adopción

1.   ¿Que afinidad doctrinal, eclesiástica (estatutos de la iglesia) y evangelística hay entre la congregación recién establecida y la iglesia o la entidad a la cual se quiere afiliar?

_____

_____

_____

_____

2.   ¿Por qué se formó la nueva congregación?

_____

_____

_____

_____

3.   ¿Qué expectativas tiene la congregación adoptada con respecto a relaciones y finanzas?

_____

_____

_____

_____

4. ¿Cómo funciona la congregación que propone ser adoptada?

_____

_____

_____

_____

5. ¿Qué plan se puede trazar para tener un período de prueba antes de afiliarse oficialmente?

_____

_____

_____

_____

Modelo de la iglesia clave

1. ¿En qué fecha determinó la iglesia clave hacer que su obra misionera fuera de largo alcance y de primera prioridad?

_____

_____

_____

_____

2. ¿Cuándo estableció una comisión de misiones (Concilio para el desarrollo de misiones)?

_____

_____

_____

_____

3.   ¿Cuándo nombró la iglesia clave un ministro de misiones para liderar la expansión misionera?

_____

_____

_____

_____

4.   ¿Cuántas congregaciones se compromete a empezar por año?

_____

_____

_____

_____

5.   ¿Qué recursos adicionales puede incluir para llevar a cabo su programa de sembrar iglesias?

_____

_____

_____

_____

PARTE C
MODELOS PIONEROS

1. ¿Cuál será mi función como sembrador de iglesias?:

    a.   ¿Sembrador-pastor de iglesias?

    _____

    _____

    _____

    b.   ¿Sembrador-iniciador de iglesias?

    _____

    _____

    _____

2. ¿Dónde puedo conseguir financiamiento?

    a.   ¿De afuera? _____

    b.   ¿De la misma comunidad? _____

3. ¿Dónde puedo conseguir un equipo sembrador de iglesias?:

    a.   ¿De afuera? _____

    b.   ¿De la misma comunidad? _____

4. ¿Dónde puedo conseguir ayuda para las actividades relacionadas con la siembra de iglesias?:

    a   ¿De afuera? _____

    b.   De la misma comunidad? _____

PARTE D
MODELO DE PROPAGACIÓN

Modelo de capacitación de líderes

1.   ¿Cómo será sostenido el director del programa de capacitación de líderes?

_____

_____

_____

_____

2.   ¿Qué tipo de programa para capacitación de líderes se necesita a fin de asegurarse de que la siembra de iglesias sea el resultado final?

_____

_____

_____

_____

3.   ¿Cómo se reclutarán a los posibles sembradores de iglesias en el programa de capacitación?

_____

_____

_____

_____

4.   ¿Dónde se reunirán los sembradores de iglesias para sus sesiones de capacitación?

_____

_____

_____

_____

5. ¿Qué tipo de estrategia para una siembra de iglesias necesita establecerse para asegurar la viabilidad económica de este programa?

_____

_____

_____

_____

6. ¿Cómo puede diseñarse un programa de siembra de iglesias a fin de seguir los siguientes pasos básicos a tomar para empezar nuevas iglesias?[9]

    1) Seleccionar una comisión local o zonal para la iglesia
    2) Seleccionar el área para la obra nueva
    3) Preparar la iglesia patrocinadora
    4) Preparar el área seleccionada
    5) Empezar la iglesia infante
    6) Enseñar a la nueva iglesia lo que necesita saber sobre finanzas
    7) Planear con la nueva iglesia el lugar de reunión
    8) Dedicar la nueva iglesia[10]

Movimientos sembradores de iglesias

1. ¿Con quiénes voy a establecer una relación de trabajo a fin de conseguir apoyo para mi función en iniciar un movimiento sembrador de iglesias?

_____

_____

_____

2. ¿Entre qué grupo especifico me siento llamado a trabajar?

_____

_____

_____

_____

3. ¿Cómo voy a evangelizar, discipular y capacitar a integrantes de dicho grupo para sembrar iglesias que a su vez se reproduzcan?

_____

_____

_____

4. ¿Qué estrategias usaré para alcanzar a ese grupo específico?

_____

_____

_____

5. Si ese grupo específico no sabe leer, ¿cuánto de la estrategia está basada en transmisión oral (relatos bíblicos cronológicos)?

_____

_____

_____

PARTE E
MODELO GRUPOS ÉTNICOS

1. ¿Cómo llegaron a su país adoptivo?
    Describa la experiencia:

    (1)   Anexo[11] _____

    _____

    _____

    (2)   Migración forzada[12]

    _____

    _____

    (3)   Migración voluntaria (Refugiados políticos, inmigración legal, inmigración ilegal)[13]

    _____

    _____

    _____

2. ¿Cuál es el nivel de asimilación?
    Describa el nivel:

    (1)   Totalmente étnico

    _____

    _____

    (2)   Medianamente étnico

    _____

    _____

    (3)   Marginalmente étnico

    _____

    _____

(4)   Étnico asimilado

_____
_____

(5)   Étnico revitalizado[14]

_____
_____

3.   ¿Qué tipo de iglesia se necesita para alcanzar a cada uno de estos segmentos?

_____
_____
_____

4.   ¿Cómo puedo conseguir apoyo para empezar iglesias entre estos segmentos? Las diferentes etapas de asimilación requieren que se establezcan diferentes tipos de congregaciones.

Después de estudiar el cuadro de asimilación, indique el tipo de iglesia que se necesita para alcanzar el grupo entre el cual desea trabajar e indique las razones por las que piensa que esto es así.

Tipo de iglesia necesario: 1) Idioma_____

                          2) Cultura: _____

Razones para hacer esta recomendación

_____
_____
_____
_____
_____
_____
_____

CAPÍTULO 11
COMPONENTES DEL EQUIPO

SELECCIONANDO A LOS COMPONENTES DEL EQUIPO

LISTA DE MIEMBROS DEL EQUIPO

Determine su papel como sembrador de iglesias:

1) Sembrador de iglesias / pastor

2) Sembrador de iglesias iniciador

3) Sembrador de iglesias propagadoras

4) Sembrador de iglesias entre grupos étnicos

Utilice la encuesta de dones espirituales

1)   Tome la encuesta usted mismo

2)   Consiga que los posibles miembros del equipo la tomen

3)   Seleccione a miembros del equipo que complementen los dones de usted

Determine los miembros del equipo que necesita para su modelo de sembrar iglesias:

1) Líder
2) Administrador
3) Maestro
4) Líder de la juventud
5) Pastor
6) Líder de la adoración
7) Reclutador, evangelista
8) Líder-reclutador para el ministerio con los niños
9) Organizador del grupo celular
10) Administrador de negocios y finanzas
11) Cuidado pastoral
12) Otro

Asesore a los posibles miembros del equipo
Haga un círculo en el número apropiado y compare

CUALIDAD		ASESORAMIENTO				
		Baja				Alta
1.	Madurez Cristiana	1	2	3	4	5
2.	Experiencia en Liderazgo	1	2	3	4	5
3.						
4.	Cooperativo con el equipo	1	2	3	4	5
5.	Dedicado al modelo de usted de plantar	1	2	3	4	5
6.	Compatibilidad con el grupo meta					
	a) Estilo de vida	1	2	3	4	5
	b) Estilo de adoración	1	2	3	4	5
	c)					
	d) Estilo de liderazgo	1	2	3	4	5
	e) Estilo evangelístico	1	2	3	4	5
	f) Estilo de discipulado	1	2	3	4	5
7.	Demuestra flexibilidad	1	2	3	4	5
8.	Apoya la visión	1	2	3	4	5
9.	Recibe bien a personas nuevas	1	2	3	4	5
10.	Dispuesto a ser entrenado	1	2	3	4	5
10.	Dispuesto a entrenar a otros	1	2	3	4	5
11.	Otro _____	1	2	3	4	5

Tabule los totales para cada posible miembro del equipo y compare los unos con los otros. Nota: La calificación más alta es 55 (si tiene once factores) de otra forma es 50. Le puede ser útil usar el promedio (p.eje., 40 dividido por 11 = 3.6). Siempre ore para recibir dirección divina

CAPÍTULO 12
EL GRUPO ENTRE EL CUAL TRABAJARÁ

ANALISIS DE GRUPOS CULTURALES

Un análisis de grupos culturales o segmentos de la población pueden ayudar a un plantador de iglesias a darle una idea del potencial para comenzar iglesias. Un análisis demográfico puede incluir factores como: número de habitantes, grupos socio económicos, tipos de habitaciones, niveles educacionales, tipos de empleo y tipos de estructuras de las familias. Otros análisis (p.eje., sicográficos, religioso, etc.) y proveer información adicional que es vital para desarrollar estrategias de evangelización y plantación de Iglesias entre ese grupo. A menudo este tipo de información se puede obtener de páginas web tales como el Buró del Censo, www.worldmap.org; www.peoplegroup.org y otros. Al hacer esto tome los siguientes pasos:

Determine quién es su grupo cultural (étnico) segmento de la población.

Definiciones:

Grupo de Gente: "Un grupo de individuos que se puede identificar quienes generalmente tienen su propio nombre para sí mismos, su propio idioma, y a veces sub dialectos, su propia manera de vestir, sus costumbres culturales, su cosmovisión y cómo opera y en la mayor parte de los casos su propio sitio geográfico donde el número mayor de ellos viven."[15]

Segmento de la Población: Un segmento de la población es una "configuración más pequeña de un grupo de gente."[16] Esto puede incluir a un segmento de la población que tiene un estilo de vida distintivo, un nivel socioeconómico, preferencias relacionales que requieren métodos especializados para alcanzarlos con el evangelio y congregarlos en grupos de compañerismo.

Grupo Étnico: Un grupo étnico es un grupo de gente que vive en el contexto de una sociedad predominante. Típicamente es integrado por personas que son inmigrantes más recientes.

Mi grupo de gente, segmento de la población, o grupo étnico es:

_____

Este se encuentra en_____

Consiga Información

A.   Información de Grupos de Gente y Segmentos de Población en Norte América

Esta información se puede obtener del U.S. Census Bureau y de otras fuentes:

1. Información Demográfica

Población total _____

Crecimiento de la población en la década pasada _____

Edad Mediana _____

Promedio de ingresos de las Familias_____

Promedio de tamaño de las familias_____

Estructura de Familias: % casados_____; % solteros _____; % divorciados ____; % otros _____

Nivel Educacional % sin escuela _____; % escuela elemental _____; % escuela media _____; % secundaria _____; %universidad _____; % escuela pos grado _____

Tipo de casas:

   % dueños _____; % rentan _____

   %Casas _____; % Apartment0s _____; % Casas móviles _____; % Otras _____

Otra información importante

_____

_____

_____

Información Religiosa

¿Qué grupo religioso predomina entre este grupo?

_____

_____

¿Qué se su respuesta el mensaje evangélico: % Evangélico _____

Proporción de Iglesias Evangélicas a la población de este grupo? 1 iglesia por _____ habitantes.

Para obtener información adicional vea los –formularios D a H

I.   Información Psicográfica (vea Formulario A)

II.   Grupos de Gente/Perfil de Segmentos de la Población

Utilizando el Formulario B como guía haga un perfil del grupo de gente o segmento de la población que usted está tratando de alcanzar y congregar.

II.   Resumen de Grupo de Gente – Segmento de la Población

Nota: Escriba una descripción del grupo de gente o segmento de la población incluyendo información que le ayudará a comenzar a tener una idea del tipo de Iglesia que se va a necesitar para alcanzar a este grupo

_____

_____

_____

_____

_____

_____

_____

_____

_____

_____

_____

_____

_____

_____

_____

_____

_____

_____

_____

_____

_____

_____

_____

_____

_____

_____

_____

_____

_____

B.   Información de Grupos de Gente y Segmentos de la Población en el Exterior

Es absolutamente importante obtener información acerca de grupos de gente y segmentos de la población que radican fuera de los Estados Unidos. Utilizando recursos como worldmap.org, IMB_____ los formularios A-G en este manual le pueden ayudar a conseguir información para contestar las preguntas que proveen Myers y Slack en To The Edge:[17]

1.   Qué es la historia de este grupo (o ciudad o población)? Orígenes etnolinguísticos, historia más reciente

2.   ¿Cómo describe a esta cultura?

¿Hasta qué punto mantienen una tradición cultural distinta?

¿Hasta qué grado se han asimilado a la cultura predominante que les rodea?

3.   ¿Qué es la naturaleza del idioma usado por este grupo?

¿Cuánto uso hacen de su lengua materna?

¿Hasta qué punto son bilingues?

¿Qué recursos religiosos tienen disponibles en su idioma?

4.   ¿Qué es el estatus educacional de este grupo?

¿Qué es su nivel educacional?

¿Hasta qué punto son alfabetos?

5.   ¿Qué es la composición demográfica de este grupo?

        ¿Cuántas personas pertenecen a este grupo?

        ¿Cuál es la historia de su crecimiento?

        ¿Cuáles son las proyecciones de su crecimiento en el futuro?

5   ¿Cómo describe usted la localidad geográfica de este grupo?

        ¿Cómo es su topografía y clima?

        ¿En qué localidades radican (aldeas, pueblos, ciudades)?

6   ¿Cómo describe usted el estatus económico de este grupo?

        ¿En comparación con los grupos en esta región?

        ¿Qué es su fuente principal de ingresos?

        ¿Como influye esto su estilo de vida?

7   ¿Cómo describe usted sue status político actual?

8   ¿Cuál es la estructura política que les rodea?

9   ¿Qué es la práctica religiosa de este grupo?

        ¿Practican una religión mayor? Cuál _____

        ¿Son animistas?

        ¿Son sincretistas?

        ¿Como describe usted las barreras y puentes al evangelio?

10   ¿Cómo describe usted la estructura familiar de este grupo?

Basado en esta información, escriba un resumen describiendo al grupo y una estrategia posible para alcanzarlos con el evangelio y congregarlos en congregaciones relevantes a su cultura.

_____

_____

_____

_____

_____

_____

CAPÍTULO 12
FORMUARIO A

ANÁLISIS PSICOGRÁFICO

En adición al análisis demográfico, el análisis psicográfico puede dar información adicional que ayudará al sembrador de iglesias a determinar los tipos de iglesias que tienen que establecerse. Este tipo de análisis se enfoca en los niveles socioeconómicos y en los estilos de vida de los residentes de una comunidad dada. El perfil CACI ACORN, por ejemplo usa categorías tales como:

1)   Familias afluentes

2)   Hogares que escalan hacia arriba

3)   Solteros que surgen y escalan hacia arriba

4)   Estilos de retiro

5)   Adultos jóvenes movibles

6)   Los que viven en la ciudad

7)   Comunidades de fábricas y sembrados

8)   Residentes del centro de la ciudad

9)   Vecindarios no residenciales.

Bajo cada uno de estos, CACI hace una lista de otras categorías que ayudan a enfocar más precisamente el estilo de vida de varios grupos. Para cada uno de estos grupos, CACI utiliza la compañía Simmons Market Research Bureau, la cual provee información vital como:

1)   Concepto propio

2)   Estilo de comprar

3)   Eventos a lo vivo del año pasado

4)   Orientación política

5)   Puntos de vista personales / opiniones

6)   Hábitos de compra

7)   Actividades de pasatiempo

FORMULARIO B
PERFIL DE SAM DE SADDLEBACK

El perfil de Sam de Saddleback revela que él:

1)   es bien educado

2)   le gusta su trabajo

3)   le gusta donde vive

4)   le da alta prioridad a la salud y vitalidad a él y a su familia

5)   le le gusta más estar en un grupo grande que en un grupo pequeño

6)   es escéptico de la "religión organizada"

7)   le gusta la música contemporánea

8)   piensa que está gozando de la vida más que hace cinco años

9)   está satisfecho y aun se jacta de su condición en la vida

10)   prefiere lo casual e informal sobre lo formal

11)   se ha sobrecargado tanto en su tiempo como en su dinero[18]

PERFIL DE SU GRUPO CULTURAL

(Dimensiones mono-culturales)

Nivel educativo:

Actitud hacia su empleo:

Actitud hacia el lugar de residencia:

Prioridades en su vida:

Orientación social (¿grupo grande, pequeño?):

Actitud hacia la religión (denominación):

Preferencia de música:

Punto de vista del presente y del futuro:

Percepción de su posición en la vida:

Preferencia en el vestir: Formal _____ Causal _____

Compromisos del tiempo:

Compromisos del dinero:

(Dimensiones a través de las culturas. Si se aplica, lea Sherwood Lingenfelter)[19]

Tiempo vrs. orientación a eventos:

Tarea vrs. orientación a la persona:

Estatus vrs. concentración en el logro:

Crisis vrs. orientación no-crítica:

Privacidad vrs. apertura vulnerable:

Dicotomista vrs. pensamiento total:

FORMULATIO C
ENCUESTA RELIGIOSA

Generalmente el censo hecho por las agencies gubernamentales no da información respecto a la afiliación religiosa de la gente. Esta información se puede obtener de la siguiente manera: 1) haciendo una lista de las iglesias en la comunidad; 2) entrevistando a los líderes de cada iglesia y preguntándoles cuántos miembros activos tienen y cuantos de éstos son del vecindario de la iglesia; y 3) visitando a estas iglesias para constatar qué grupos están siendo alcanzados (o qué grupos no se están alcanzando), qué estilo de culto practica la iglesia (comparándolos con los que la comunidad necesita). Esta información puede ayudar a la iglesia a determinar el potencial de establecer una nueva congregación en esa comunidad.

I.   ¿Cuántas iglesias hay en la comunidad?

        A.   Número total
        B.   Número por denominación

II   ¿Cuántas de estas iglesias predican el mensaje de salvación?

III   ¿Qué porcentaje de la población se alcanza por estas iglesias?

IV   ¿Que grupos no alcanzan estas iglesias?

A.   Socio-Culturales (Idioma)

B.   Socio-económico

C.   Estilo de vida

D.   Generacional (p. ej., nacidos después de la guerra, generación X)

FORMULARIO D
ENTREVISTANDO A LOS LÍDERES DE LA COMUNIDAD

Otra actividad que puede ayudar a la iglesia a obtener valiosa información es una entrevista con líderes de la comunidad. Éstos pueden ser directivos de escuelas, dueños de negocios, directores de servicios sociales, oficiales en los departamentos de policía, presidentes de clubes y de organizaciones, vendedores de bienes raíces, directivos de asociaciones de propietarios, pastores, en suma, gente que conoce bien la población de la comunidad. En la entrevista se pueden hacer preguntas como las que siguen:

(1)   ¿Cuánto hace que vive en esta comunidad?

_____

_____

(2)   ¿Cuáles son algunas de las necesidades más urgentes de la comunidad?

_____

_____

_____

_____

_____

_____

(3)   ¿Cuáles son algunas cosas que ha aprendido como resultado de su trabajo en esta comunidad?

_____

_____

_____

_____

_____

_____

(4)   ¿Qué consejo tendría para alguien que planea actividades para ayudar a esta comunidad?

_____

_____

_____

_____

_____

_____

_____

(5)   ¿Qué métodos le han dado resultados para comunicarse con las personas de esta comunidad?

_____

_____

_____

_____

_____

_____

FORMULARIO E
ENQUESTA DE LOS HABITANTES DE LA COMUNIDAD

Por lo general, cuando hablamos de sondear a los habitantes de una comunidad nos encontramos con los que no tienen interés en hacerlo. Esto se debe en parte a que en muchos casos, las personas que han hecho estos sondeos no han tenido experiencias positivas. Tenemos que admitir que hay ciertas comunidades en las que es casi imposible obtener información directamente de los residentes. En estos casos, tenemos que encontrar otras maneras de comunicarnos con ellos (posiblemente por medio de la amistad). En otros casos, sin embargo, el problema no ha sido tanto la resistencia de parte de la gente en la comunidad sino el uso de métodos inadecuados. Un método que ha sido eficaz en muchas partes del mundo es uno que se concentra en descubrir si la gente reconoce su necesidad espiritual. Por lo tanto, usando este método uno no trata de recoger mucha información (como ser la edad y nivel educativo de cada persona). Más bien se formulan preguntas como las siguientes:

(1)   ¿Cuáles son algunas de las necesidades más grandes en esta comunidad?

_____

_____

_____

_____

93

_____

_____

(2)   ¿Por qué será que tanta gente en esta comunidad no asiste a ninguna iglesia?

_____

_____

_____

_____

_____

(3)   ¿Qué tipos de actividades en la iglesia le ayudarían a usted y a su familia a superar los problemas serios de la vida?

_____

_____

_____

_____

_____

(4)   Si organizáramos grupos de apoyo (o estudios bíblicos) para ayudar a las familias de esta comunidad, le interesaría participar?

_____

_____

_____

_____

_____

FORMULARIO F
EVALUANDO EL INTERÉS POR EL EVANGELIO

Usando la escala de Engel, responda las siguientes preguntas:

1. Hablando generalmente, ¿dónde se encuentra el grupo entre el cual trabajaré? (Indíquelo con un círculo).

    -8 Percepción de un Ser supremo, sin ningún conocimiento eficaz del evangelio

    -7 Percepción inicial por el evangelio

    -6 Percepción de los fundamentos del evangelio

    -5 Capta las implicaciones del evangelio

    -4 Actitud positiva hacia el evangelio

    -3 Reconocimiento de su problema personal

    -2 Decisión de actuar

    -1 Decisión y fe en Cristo

    -* NUEVA CRIATURA

    +1 Evaluación posterior a la decisión

    +2 Se incorpora al Cuerpo de Cristo

    +3 Crecimiento conceptual y de conducta

2. ¿Cuál podrá ser mi estrategia para ayudarlos hacia el -1?

    ¿Metodología Evangelizadora?
    _____
    _____
    _____
    _____
    _____

¿Medios de comunicación?

_____

_____

_____

_____

_____

¿Otro?

_____

_____

FORMULARIO G
EVALUANDO EL PROCESO DE HACER DECISIONES

Usando el cuadro de Hasselgrave, determine lo siguiente:

1.   ¿Cómo ve la mayoría del grupo entre el cual trabajo hacer decisiones?:

Como un Punto

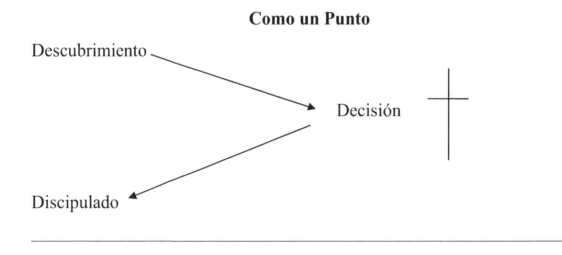

_____

_____

Como un Proceso

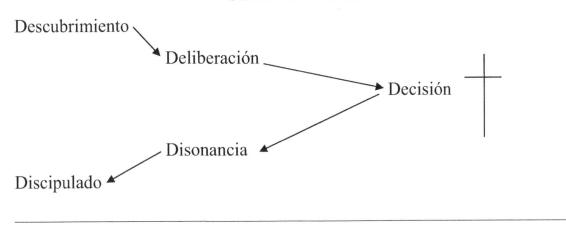

Descubrimiento → Deliberación → Decisión → Disonancia → Discipulado

A luz del proceso de tomar decisiones que usa la gente, ¿cuál es mi estrategia para guiar a la gente en cada etapa evangelizadora (en Descubrimiento, deliberación y determinación) y en cada etapa del discipulado (Disonancia, Disciplina)?

FORMULARIO H
DESCUBRIENDO RAZONES DE RESISTENCIA

Uno de los pasos más cruciales al estudiar la comunidades descubrir las razones por las cuales las personas resisten el evangelio. Tennent provee ayuda cuando pone la las personas resistentes en cuatro categorías.[20]

I   Culturalmente Resistentes

Estas son personas que resisten el cambio. "No es fácil que las verdades del evangelio minen un prejuicio cultural de aceptar nuevas creencias o prácticas. Declaramos el evangelio en muchas maneras, pero esto no importa porque representa el cambio." [21]

A.   Haga una lista de Números y Porcentajes de Personas Culturalmente Resistentes

_____

_____

_____

_____

_____

B.   Identifique los Tipos de Prejuicio

_____

_____

_____

_____

_____

C.   Indique su Estrategia de Vencer esta barrera

_____

_____

_____

_____

_____

_____

_____

II   Teológicamente Resistente

"Estos grupos desde los Mormones hasta Musulmanes han sido predispuestos a rechazar ciertas doctrinas cristianas inmediatamente debido a su auto-comprensión teológica la cual ha sido formada por un rechazo explícito de ciertos detalles de la teología Cristiana, ya sea que sean reales o caricaturas."[22]

Haga una lista de Números y Porcentajes de Personas Teológicamente
Resistentes

_____
_____
_____
_____
_____
_____

Identifique los Tipos de Prejuicio

_____
_____
_____
_____
_____

Indique su Estrategia de Vencer esta barrera

_____
_____
_____
_____
_____
_____
_____

III   Nacionalisticamente o Etnicamente Resistentes

Algunos grupos han conectado su nacionalidad con alguna entidad religiosa.
Un ejemplo son los Protestantes en contra de los Católicos en el norte de Irlanda.

Estos grupos ven su identidad no teológicamente sino étnicamente lo cual les guía a rechazar los creencias de ese grupo..

A. Haga una lista de números y personas nacionalisticamente o étnicamente resistentes

_____
_____
_____
_____
_____
_____

B. Identifique los Tipos de Resistencia nacionalista o étnica

_____
_____
_____
_____
_____
_____

C. Diseñe una estrategia para vencer esta barreta

_____
_____
_____
_____
_____
_____

IV   Políticamente Resistentes

Esto puede incluir a los que rechazan la presentación del evangelio porque viene de una persona a quienes ellos consideran un rival político. Hay otros, no obstante, que tienen gran dificultad en conseguir acceso al evangelio por que sus líderes políticos no lo permiten.. En cada caso, los plantadores de iglesias necesitan ser entrenados para comprender la naturaleza de la resistencia y diseñar estrategias para vencer los obstáculos.

.

A.   Haga una lista de números y porcentajes de personas políticamente resistentes

_____

_____

_____

_____

_____

_____

B.   Identifique los Tipos de Resistencia Política

_____

_____

_____

_____

_____

_____

_____

_____

C.   Diseñe una estrategia para vencer esta Barrera

_____

_____

_____

_____

_____

CAPÍTULO 13
CONSIGUIENDO UN GRUPO NÚCLEO

Utilice esta escala para evaluar a los miembros del grupo núcleo potencial y seleccione a los que se aproximan más cercanamente al perfil que ha establecido.

I Calificaciones

		Baja				Alta
A.	Madurez cristiana	1	2	3	4	5
B.	Dones y habilidades	1	2	3	4	5
C. D.	Experiencia en el liderazgo	1	2	3	4	5
E.	Puede contribuir financieramente	1	2	3	4	5
F.	Comprometido a sembrar la iglesia	1	2	3	4	5
G.	Compatible con el grupo entre el cual trabajará					
	1) Estilo de vida	1	2	3	4	5
	2) Estilo de culto	1	2	3	4	5
	3) Estilo de liderazgo	1	2	3	4	5
	4) Estilo Evangelizador	1	2	3	4	5
	5) Estilo para hacer discípulos	1	2	3	4	5
H.	Vive en la comunidad	1	2	3	4	5
I.	Comprometido con la visión	1	2	3	4	5
J.	Caluroso con los nuevos	1	2	3	4	5
K.	Deseoso de capacitar a otros	1	2	3	4	5
K.	Otro _____	1	2	3	4	5
L.	Otro _____	1	2	3	4	5

II Estrategia de alistamiento

A   TIPO DE GRUPO NÚCLEO   (ESCOJA UNO)

1.   GRUPO NÚCLEO EXISTENTE _____

Maneras con las cuales intento los mayores beneficios y venzo obstáculos: :

_____
_____
_____
_____
_____
_____
_____

2   GRUPO NÚCLEO INEXISTENTE

Maneras con las que intento reclutar al grupo núcleo:

_____
_____
_____
_____
_____
_____
_____
_____
_____
_____
_____

B   MÉTODOS DE ALISTAMIENTO

1.   Alistar el grupo núcleo de la iglesia patrocinadora

2.   Alistar el grupo núcleo por medio de reuniones de información.

3.   Alistar el grupo núcleo de la comunidad donde se hizo la encuesta.

4.   Alistar el grupo núcleo por medio de otros métodos.

CAPÍTULO 13
GRUPO NÚCLEO

Reclutar al grupo núcleo en la comunidad
entre la cual trabajará

Uno de los pasos más importantes en el proceso de comenzar una iglesia es el de establecer el grupo núcleo inicial que ayudará a empezar la nueva congregación. Para este entonces, se cuenta con el equipo sembrador de iglesias que se ha formado. No obstante, es imprescindible que otros se sumen a él, compartan su visión y estén dispuestos a participar en actividades que contribuyan al inicio y desarrollo de la nueva congregación. Dependiendo del modelo que utilicen, un grupo núcleo puede o puede no estar disponible. Será importante, por lo tanto estar preparado para trabajar con el grupo núcleo que se provee o trabajar hacia el establecimiento del grupo núcleo que se constituirá.

I   **Tipos de visitación**

Determine el tipo de visitación más necesario:

1   Miembros de la familia   _____

2   Amigos íntimos   _____

3   Nombres recibidos   _____

4   Desconocidos   _____

5   Otros   _____

II   **Propósito de la visitación**

Determine el propósito de la visitación más apropiada para el grupo entre el cual trabaja:

1   Conocer a las personas   _____

2   Ofrecer un ministerio de la iglesia _____

3   Profundizar la amistad con alguien   _____

4   Invitarles a una actividad de cultivo _____

5   Invitarles a un culto de la iglesia _____

6   Tratar de obtener una decisión   _____

7   Otro   _____

III   Desarrolle el plan de visitación

Lyle Schaller explica: "Si el [sembrador / pastor] hace la invitación inicial por medio de una visita de veinte a sesenta minutos, la gran mayoría de los que aparecen para el primer culto de adoración llegaran a ser miembros fundadores."[23]

_____

_____

_____

_____

_____

_____

_____

_____

_____

_____

_____

_____

_____

_____

CAPÍTULO 13
GRUPO NÚCLEO
TIPOS DE VISITACIÓN DE CULTIVO

En su libro *Conspiracy of Kindness*[24] (Conspiración de bondad) Steve Sjogren sugiere una amplia variedad de maneras en que la gente puede ser contactada en sus propios hogares y ayudada de manera conducente al establecimiento de relaciones significativas. Empezando con las actividades sugeridas por Sjogren, indique cuáles actividades serían las más apropiadas para el grupo entre el cual trabajará.

ACTIVIDAD	LO APROPIADO				
	Baja		Alta		
1. Dar claveles el día de la madre	1	2	3	4	5
2. Regalar café y periódico el domingo en la mañana	1	2	3	4	5
3. Llevar comida a los recluidos en sus casas	1	2	3	4	5
4. Pintar el número frente a la casa gratuitamente	1	2	3	4	5
5. Regalar focos o bombillos	1	2	3	4	5
6. Llevar el control de la presión de la sangre	1	2	3	4	5
7. Organizar la fiesta de cumpleaños	1	2	3	4	5
8. Proveer pilas para el detector de humo	1	2	3	4	5
9. Dar una canasta de comida el día de resurrección	1	2	3	4	5
10. Limpiar la casa[25]	1	2	3	4	5
11. _____	1	2	3	4	5
12. _____	1	2	3	4	5
13. _____	1	2	3	4	5
14. _____	1	2	3	4	5
15. _____	1	2	3	4	5
16. _____	1	2	3	4	5
17. _____	1	2	3	4	5
18. _____	1	2	3	4	5

El uso de estos métodos innovativos parte de la convicción que "el evangelio tiene que proclamarse y demostrarse al mundo que nos observa."[26]

CAPÍTULO 14
MÉTODOS DE COMUNICACIÓN

ALCANZANDO A LA COMUNIDAD POR LOS MEDIOS DE COMUNICACIÓN

Seleccione los métodos de comunicación apropiados

Estudios realizados por dos trabajadores sociales indican que las comunidades reaccionan en forma diferente a diferentes métodos de comunicación.[27] Para los fines de esta exposición, clasificaremos las comunidades bajo las siguientes categorías:

1. INTEGRAL – Este es un centro cosmopolita al igual que local en que individuos se mantienen en estrecho contacto y comparten muchos intereses. Participan en las actividades de la comunidad en general. Este vecindario tiene una identidad propia, una interacción significativa y enlaces fuera de su propia comunidad.[28]

2. PROVINCIANO – Este es un vecindario que tiene un carácter homogéneo o una identidad étnica. Es autosuficiente e independiente de la comunidad en general. Tiene varias maneras de excluir a los que no se conforman a sus normas. Tiene identidad e interacción pero no enlaces exteriores.

3. DIFUSO – con frecuencia este es un vecindario con un ambiente homogéneo que puede variar desde subdivisiones nuevas hasta viviendas subvencionadas por el gobierno. La gente tiene mucho en común; sin embargo, no hay una vida interna activa. No se conecta con la comunidad general y se involucra poco con los vecinos. Este vecindario tiene una identidad pero no tiene interacción ni enlaces.

4. TRANSITORIO – Está en un vecindario donde ha estado ocurriendo un cambio de población y probablemente este dividido en grupitos de "los de antes" y "los nuevos". Hay poca acción colectiva u organización. Este vecindario puede tener ciertos enlaces pero nada de identidad ni interacción.

5. DESORGANIZADO – Este es un vecindario que en realidad no lo es. Está muy fragmentado (no tiene cohesión, grandes diferencias sociales dividen a la gente). No tiene barreras protectoras de influencias externas lo cual lo hace receptivo a algo de cambio externo. Le falta capacidad de movilizarse para unirse y llevar a cabo una acción desde adentro. En cierto sentido este tipo de vecindario no tiene identidad, inatracción ni enlaces.

Usando las definiciones de arriba determine que tipo de categoría sirve mayor el grupo entre el cual trabajará y brevemente explique por qué:

1. INTEGRAL

_____

_____

_____

_____

_____

2. PARROQUIAL

_____

_____

_____

_____

_____

_____

3. DIFUSO

_____

_____

_____

4. TRANSITORIO

_____

_____

_____

_____

_____

_____

_____

_____

5. DESORGANIZADO

_____

_____

_____

_____

_____

6. OTRO

_____

_____

_____

_____

_____

Métodos para obtener información

	Puerta por puerta	Medios de comunicación	Personas claves del lugar	Muestreo aleatorio
INTEGRAL	NO	+	*	NO
PROVINCIAL	*	+	*	NO
DIFUSO	*	+	NO	NO
TRANSITORIO	*	+	NO	+
DESORGANIZADO	*	NO	NO	+

CLAVE: * = mayor acción,

+ = acción efectiva (puede ser Buena acción de seguimiento)

No = acción inefectiva.

Usando el cuadro anterior, procure determinar lo siguiente:

1. ¿Cuál es la mejor manera de obtener información para el grupo entre el cual trabajaré?

2. ¿Existe algún método mejor que el que se menciona arriba?

3. ¿Cuál es la mejor manera de implementar este método?

MÉTODOS DE COMUNICACIÓN

	Boletín informativo	Puerta por puerta	Medios de comunicación	Persona clave en el lugar
INTEGRAL	+	NO	+	*
PROVINCIANO	+	*	+	+
DIFUSO	NO	*	+	NO
TRANSITORIO	NO	*	+	NO
DESORGANIZADO	NO	*	NO	NO

Con el uso del cuadro anterior determine lo siguiente:

1. ¿Cuál es la mejor manera de comunicarse con el grupo entre el cual trabajará?

_____

_____

_____

_____

_____

2. ¿Existe un método mejor que el que se ha presentado arriba?

_____

_____

_____

_____

_____

3. ¿Cuál es la mejor manera para implementar este método?

_____
_____
_____
_____
_____

MÉTODOS DE COMUNICACIÓN

Si las comunidades en el área donde planea sembrar la iglesia son diferentes de las que ya se discutieron, use categorías que sean más descriptivas de las de su comunidad y diseñe la estrategia de comunicación.

Boletín informativo	Puerta por puerta	Medios de comunicación	Persona clave en el lugar
_____	—	—	—	—
_____	—	—	—	—
_____	—	—	—	—
_____	—	—	—	—
_____	—	—	—	—

Con el uso del cuadro anterior, determine lo siguiente:

1. ¿Cuál es la mejor manera de comunicarse con el grupo entre el cual trabajará?

_____

_____

_____

_____

2. ¿Existe un método mejor que el que se ha presentado arriba?

_____

_____

_____

_____

3. ¿Cuál es la mejor manera para implementar este método?

_____

_____

_____

_____

CAPÍTULO 14
MÉTODOS DE COMUNICACIÓN

USO DE LOS MEDIOS DE COMUNICACIÓN

El uso de los medios puede ser una herramienta poderosa para alcanzar una comunidad geográfica. En la actualidad existen numerosos esfuerzos muy eficaces en alcanzar a la gente y empezar nuevas congregaciones. Algunos de estos son: teléfono, correspondencia, radio, televisión, tratados, audiocasetes, películas, videocasetes y computadoras.

Telemercadeo

Determine el propósito de este esfuerzo por teléfono:

Eventos de cultivo	Presupuesto	Asignado a	Fecha
1. Película de la serie de la familia	_____	_____	_____
2. Drama (Navidad, resurrección)	_____	_____	_____
3. Conferencia sobre administración del dinero	_____	_____	_____
4. Programa musical relacionado con un día de celebración especial	_____	_____	_____
5. Otro	_____	_____	_____

Invite a la gente para la iniciación pública de la iglesia que siembra

1. Obtenga la información[29]	_____	_____	_____
2. Reclute el equipo	_____	_____	_____
3. Capacite al equipo	_____	_____	_____
4. Implemente el plan	_____	_____	_____
5. Seguimiento	_____	_____	_____

Preste atención a los factores esenciales:

1. Siente la meta del número
de llamadas que harán _____ _____

2. Elabore el escrito de la conversación
 por teléfono _____ _____

3. Fije la fecha del primer culto público _____ _____

4. Planee el primer culto de adoración _____ _____

5. Planee el segundo culto _____ _____

6. De antemano diseñe la
estrategia de seguimiento _____ _____

7. Genere entusiasmo por el
 esfuerzo de telemercadeo _____ _____

8. De antemano junte al equipo
de ministerio para seguimiento _____ _____

9. Guíe al equipo a comprometerse
a usar métodos adicionales _____ _____

(visitación, correo directo personalizado, llamadas por teléfono)

10. Desarrolle una estrategia de oración
para este esfuerzo _____ _____

11. Desarrolle presupuesto
 para todo el esfuerzo _____ _____

Sugerencias para el segundo domingo exitoso[30]

Marque

1. Haga un gran número de llamadas para el segundo domingo _____

2. Invite a un ministro bien conocido como predicador para ese domingo _____

3 Llame personalmente a los que asistieron al primer domingo _____

4. Tenga el primer servicio el domingo de ramos en la asunción que atraerá a muchos al domingo de resurrección _____

5. Prepárese para grupos más pequeños en los domingos siguientes y responda creativa y positivamente a las implicaciones sicológicas de laasistencia reducida los domingos siguientes al primerdomingo _____

6. Identifique, reclute e instruya voluntarios y a todo el personal para que el programa del domingo por la mañana atraiga a los que vienen por primera vez y para que los primeros que visitan regresen _____

7. Asegúrese que a los asistentes potenciales los llame _____
Alguno del personal o algún voluntario capacitado antes del primer domingo para quea todos se les salude personalmente por alguno que tuvo contacto con ellos anteriormente

CORREO DIRECTO

Algunos grupos han usado la publicidad por correo de una manera bastante parecida a la campaña telefónica descrita en la sección anterior. Rick Warren y su pequeño grupo núcleo enviaron 15.000 cartas a la comunidad entre la que iban a trabajar. El domingo de resurrección tuvieron una asistencia de 250 personas.[31] Esto marcó el comienzo del ministerio de su iglesia. La Alianza cristiana y Misionera empezó 101 iglesias el domingo de resurrección en 1987, mayormente haciendo publicidad por correo.[32] Muchos más han utilizado el correo en conexión con sus esfuerzos para empezar una iglesia.

ACTIVIDAD	ASIGNADA A	FECHA
1. Revise las necesidades de la comunidad de la encuesta	_____	_____
2. Establezca la meta de la cantidad de cartas que se enviarán	_____	_____
3. Trabaje en el contenido de la carta	_____	_____
4. Fije la fecha del primer culto público	_____	_____
5. Planee el primer servicio de adoración	_____	_____
6. Planee el segundo servicio de adoración	_____	_____
7. Anticipadamente diseñe la estrategia de seguimiento	_____	_____
8. Genere entusiasmo para el esfuerzo del correo directo	_____	_____
9. Organice los equipos de seguimiento con anticipación	_____	_____
10. Guíe la equipo a comprometerse a usar otros métodos (visitación, telemercadeo, llamadas telefónicas personalizadas)	_____	_____
11. Provea la estrategia de oración para este esfuerzo	_____	_____
12. Considere el presupuesto para todo el esfuerzo	_____	_____

ANUNCIOS POR RADIO

En adición al telemercadeo y correo directo existen otros numerosos medios que se pueden utilizar al contactar a los simpatizantes para la nueva congregación. Uno de estos medios es la radio que se puede usar para anuncios breves de los estudios bíblicos y otras actividades. El uso de la radio tiene varias ventajas. Por lo general las hay en la mayoría de las comunidades. Su uso es difundido en el sentido de que la gente la escucha en muchos ambientes distintos (en el hogar, el auto, el trabajo, los paseos). Es relativamente económica, especialmente si se usa para anuncios breves.

Es digna de crédito, especialmente si el anuncio está bien hecho. Otra ventaja más al uso de la radio es que se pueden alcanzar públicos específicos. Por ejemplo, una estación de radio (o programa de radio) que se concentra en boleros apela a una audiencia madura y no a la gente joven. Lo opuesto también es verdad de las estaciones que usan melodías más de moda. Sabiendo qué audiencia alcanza la estación de radio (o programa) ayuda a determinar qué estaciones se pueden usar.

Existen algunas limitaciones al uso de la radio que hay que tener en cuenta y superar. Primera, la radio es impersonal, lo cual significa que hay que buscar una manera de darle seguimiento. Esto se puede lograr pidiendo a los radioescuchas que llamen o escriban para solicitar oraciones, literatura y otros artículos ofrecidos en el mensaje. Esto significa que el mensaje tiene que ser presentado continuamente durante un período específico de tiempo.

ACTIVIDAD	ASIGNADA A	FECHA
1. Revise las necesidades halladas en la encuesta de la comunidad	_____	_____
2. Establezca la meta para el número de anuncios	_____	_____
3. Desarrolle el contenido de los anuncios	_____	_____
4. Siente la fecha para el culto público	_____	_____
5. Planee el primer culto de adoración	_____	_____
6. Planee el segundo culto de adoración	_____	_____
7. Por adelantado diseñe la estrategia de seguimiento	_____	_____
8. Genere entusiasmo por el esfuerzo radial	_____	_____
9. De antemano reúna el equipo del ministerio de seguimiento	_____	_____
10. Dirija al equipo a comprometerse a usar otros métodos (visitación, telemercadeo, llamadas personalizadas)	_____	_____
11. Desarrolle la estrategia de oración para este proyecto	_____	_____
12. Establezca el presupuesto para este esfuerzo	_____	_____

ANUNCIOS BREVES POR TELEVISIÓN

Otro medio es la televisión. Usar la televisión tiene las siguientes ventajas. Primera, es audiovisual y la gente tiende a recordar mejor lo que ha visto y oído. Segunda, la televisión cubre un área extensa, lo que significa que mucha gente recibirá simultáneamente el mensaje. No obstante el uso de la televisión tiene algunas limitaciones. Quizá una de las mayores es el costo. Esto se puede superar con el uso de la televisión de cable, con el uso de anuncios breves, tiempo de servicio al público, o al crear noticias de eventos significativos que la estación puede cubrir sin costo. Otra limitación del uso de la televisión es que demanda más destrezas que la radio. Esto puede requerir capacitación adicional de parte del sembrador de iglesias o de la persona designada. Aunque el uso de la televisión es más desafiante, puede ser un recurso valioso para contactar personas sin iglesia. Un grupo bautista en Búfalo, Nueva York, usó segmentos de treinta segundos por dos semanas ofreciendo un estudio bíblico gratis por correspondencia enfocado en la familia. Recibieron alrededor de mil llamadas de personas que deseaban matricularse. Se establecieron tres congregaciones nuevas que se iniciaron con grupos de estudio bíblico de vecindario. Otro grupo en Rochester, Nueva York tuvo una experiencia muy similar.[33]

ACTIVIDAD	SIGNADA	FECHA
1. Revise las necesidades halladas en la encuesta de la comunidad	_____	_____
2. Establezca la meta para el número de anuncios	_____	_____
3. Desarrolle el contenido de los anuncios	_____	_____
4. Siente la fecha para el culto público	_____	_____
5. Planee el primer culto de adoración	_____	_____
6. Planee el segundo culto de adoración	_____	_____
7. Por adelantado diseñe la estrategia de seguimiento	_____	_____
8. Genere entusiasmo por el esfuerzo en la televisión	_____	_____
9. De antemano reúna el equipo del ministerio de seguimiento	_____	_____
10. Dirija al equipo a comprometerse a usar otros métodos (visitación, telemercadeo, llamadas personalizadas)	_____	_____
11. Desarrolle la estrategia de oración para este proyecto	_____	_____
12. Establezca el presupuesto para este esfuerzo	_____	_____

AUDIOCASETTES

Muchos sembradores de iglesias han utilizado exitosamente los audiocasetes. Algunas de las ventajas de usar este medio es que es económico, flexible (se pueden producir muchos o pocos y pueden ser escuchados muchas veces). Otra ventaja es que hay casetes sobre una amplia variedad de temas, algunos de los cuales posiblemente sean especialmente adecuados para las necesidades de algunas de las familias en la comunidad (drogadicción, consejos para padres de familia, fragmentación familiar, etc.). Dos de las limitaciones son: que los casetes tienen que ser transportados o enviados por correo. Pero, en cierto sentido, transportar los casetes puede ser una ventaja ya que brinda más oportunidad de tener repetidos contactos con la gente que se está cultivando. Otra limitación puede ser el mantenimiento del equipo (pasacasetes) si es que este se proporciona a la persona.

ACTIVIDAD	ASIGNADA A	FECHA
1. Revise las necesidades halladas en la encuesta de la comunidad	_____	_____
2. Establezca la meta para el número de casetes	_____	_____
3. Desarrolle el contenido de los casetes	_____	_____
4. Siente la fecha para distribuir los casetes	_____	_____
5. Por adelantado diseñe la estrategia de seguimiento	_____	_____
6.. Genere entusiasmo por el esfuerzo con los casetes	_____	_____
7. De antemano reúna el equipo del ministerio de seguimiento	_____	_____
8. Dirija al equipo a comprometerse a usar otros métodos	_____	_____
(visitación, telemercadeo, llamadas personalizadas)		
9. Desarrolle la estrategia de oración para este proyecto	_____	_____
10. Establezca el presupuesto para este esfuerzo	_____	_____

TRATADOS

Los tratados también pueden ser un medio muy provechoso para sembrar la semilla del evangelio en el corazón de quienes lo necesitan. Hay varias cosas para tomar en cuenta al usar tratados. Primera, deben tener una presentación atractiva. Esto no significa necesariamente que tiene que ser muy caro sino que se usó originalidad al prepararlos. Segunda, los tratados deben ser culturalmente relevantes. Esto significa que necesitan tratar un tema que es de interés al público que se desea alcanzar y tienen que ser presentados de manera que les llame la atención. Tercera, los tratados tienen que tener un solo propósito. Por lo general, la gente no leerá un tratado si contiene demasiada información sobre una amplia variedad de temas. En la siembra de iglesias, el propósito básico es lograr que el lector piense en su relación con Dios y cómo esta nueva iglesia puede ayudarle con esto. Cuarta, los tratados tienen que proporcionar una manera de responder. Esto puede ser un número telefónico o una dirección que el lector puede usar para obtener más información.

ACTIVIDAD	SIGNADA A	FECHA
1. Revise las necesidades halladas en la encuesta de la comunidad	_____	_____
2. Establezca la meta para el número de distribución	_____	_____
3. Desarrolle el contenido de los tratados	_____	_____
4. Presentación atractiva para el tratado	_____	_____
5. Asegúrese que sean culturalmente relevantes	_____	_____
6. Este cierto que solo tienen un propósito	_____	_____
7. Por adelantado diseñe la estrategia de seguimiento	_____	_____
8. Genere entusiasmo por el esfuerzo los tratados	_____	_____
9. De antemano reúna el equipo del ministerio de seguimiento	_____	_____
10. Dirija al equipo a comprometerse a usar otros métodos (visitación, telemercadeo, llamadas personalizadas)	_____	_____
11. Desarrolle la estrategia de oración para este proyecto	_____	_____
12. Establezca el presupuesto para este esfuerzo	_____	_____

PELÍCULAS

También pueden usarse películas para sembrar iglesias, lo cual tiene las siguientes ventajas. Por lo general son persuasivas, cubren muchos temas y pueden ser usadas adentro y al aire libre. Otra ventaja es que brindan la oportunidad para que la gente responda inmediatamente después, ya sea a una invitación para aceptar a Cristo como Salvador o a participar en un diálogo grupal que puede llevar a la formación de un grupo de estudio bíblico. Una de las limitaciones es que puede ser caro alquilarlas y alquilar el local para mostrarlas. Otra es que en muchos casos no hay suficientes películas locales, lo que significa que quizá no sean tan culturalmente relevantes como debieran ser. Pero no hay que olvidar que las películas (como la película "Jesús") están dando maravillosos resultados en muchas partes del mundo.

ACTIVIDAD   **ASIGNADA FECHA**

1. Revise las necesidades halladas en la encuesta de la comunidad _____ _____

2. Establezca la meta para el número de películas que usará _____ _____

3. Decida cuál película usará _____ _____

4. Siente la fecha de la exhibición _____ _____

5. Por adelantado diseñe la estrategia de seguimiento _____ _____

6. Genere entusiasmo por el esfuerzo con las películas _____ _____

7. De antemano reúna el equipo del ministerio de seguimiento _____ _____

8. Dirija al equipo a comprometerse a usar otros métodos _____ _____

   (visitación, telemercadeo, llamadas personalizadas) _____ _____

9. Desarrolle la estrategia de oración para este proyecto _____ _____

10. Establezca el presupuesto para este esfuerzo _____ _____

VÍDEOCASSETTS

Los vídeocassetts están siendo usados exitosamente por los sembradores de iglesias. Algunas de las ventajas de usar vídeocassetts es que despiertan interés, especialmente si tratan temas que son de vital interés en la comunidad entre la cual se trabajará. Segunda, los vídeocassetts se prestan para formar con naturalidad grupos de estudio o apoyo, especialmente si vienen con guías para el diálogo y se da a los participantes la oportunidad de conversar sobre sus preocupaciones e inquietudes. Otra ventaja de los vídeocassetts es que pueden ser usados repetidamente. Algunos sembradores de iglesias organizan una operación tipo biblioteca dejando que la gente lleve prestados diversos vídeos. Esto, una vez más, brinda más oportunidad para que el equipo sembrador de iglesias esté en contacto con el público que quiere alcanzar. Igualmente se pueden prestar libros y revistas. Algunos están usando vídeocassetts para conseguir integrantes para el grupo núcleo. El vídeo debe presentar la visión del tipo de iglesia que se está estableciendo y desafiar a los hermanos a ser parte de esta emocionante empresa.

ACTIVIDAD	ASIGNADA A	FECHA
1. Revise las necesidades halladas en la encuesta de la comunidad	_____	_____
2. Establezca la meta para el número de vídeocassetss que usará	_____	_____
3. Decida el contenido de los videocasetes	_____	_____
4. Siente la fecha para la distribución	_____	_____
5. Por adelantado diseñe la estrategia de seguimiento	_____	_____
6. Genere entusiasmo por el esfuerzo con los vídeocassetts	_____	_____
7. De antemano reúna el equipo del ministerio de seguimiento	_____	_____
8.. Dirija al equipo a comprometerse a usar otros métodos	_____	_____
(visitación, telemercadeo, llamadas personalizadas)	_____	_____
9. Desarrolle la estrategia de oración para este proyecto	_____	_____
10. Establezca el presupuesto para este esfuerzo	_____	_____

COMPUTADORAS

Además de los métodos presentados, los siguientes se están popularizando como medios para contactar a los no creyentes. Computadoras personales, teléfonos celulares, máquinas fax, correo electrónico, servicio de teleconferencia y otras herramientas que van apareciendo son las se pueden usar para comunicar el evangelio localmente y alrededor del mundo. En cada uno de estos casos como en los otros presentados, es importante que el sembrador de iglesias disponga de la siguiente información sobre el público que quiere alcanzar: estilos de vida y necesidades, condición espiritual, estilos de tomar decisiones, normas culturales y escala de valores. Una de las maneras más eficaces de comunicarse con la gente que no tiene iglesia es la de establecer "web-sites" y anunciar eventos que cultivan y comparten tratados electrónicamente.

ACTIVIDAD	ASIGNADA A	FECHA
1. Revise las necesidades halladas en la encuesta de la comunidad		
2. Establezca la meta para el "web-site"que establecerá		
3. Desarrolle el contenido del "web-site"		
4. Fije la fecha para al reunión de cultivar el"web-site"		
5. Planee el primer servicio de adoración		
6. Planee el segundo servicio de adoración		
7. Por adelantado diseñe la estrategia de seguimiento		
8. Genere entusiasmo por el esfuerzo del "web-site"		
9. De antemano reúna el equipo del ministerio de seguimiento		
10. Dirija al equipo a comprometerse a usar otros métodos (visitación, telemercadeo, llamadas personalizadas)		
11. Desarrolle la estrategia de oración para este proyecto		
12. Establezca el presupuesto para este esfuerzo		

CAPÍTULO 15
EVENTOS COMUNITARIOS
ALCANCE LA COMUNIDAD POR MEDIO DE EVENTOS
CULTIVADORES
ACTIVIDADES PARA NIÑOS

ACTIVIDAD	DIRECTOR	FECHA	PRESUPUESTO
Escuela bíblica de vacaciones	_____	_____	_____
Clubes bíblicos de patio	_____	_____	_____
Grupos de recreación	_____	_____	_____
Tutores voluntarios	_____	_____	_____
Conciertos musicales	_____	_____	_____
Festival de arte y manualidades	_____	_____	_____
Otro	_____	_____	_____
Otro	_____	_____	_____

ACTIVIDADES PARA LA JUVENTUD Y ADULTOS

ACTIVIDAD	DIRECTOR	FECHA	PRESUPUESTO
Festival de películas	_____	_____	_____
Noche con propósito	_____	_____	_____
Grupos recreativos	_____	_____	_____

Comisión de bienvenida   _____   _____   _____

Conciertos musicales   _____   _____   _____

Festival de arte
y manualidades   _____   _____   _____

Sondeo de oración.   _____   _____   _____

Sorteo gratis de una Biblia _____   _____   _____

Otro   _____   _____   _____

Otro   _____   _____   _____

Claveles para el día
de las madres   _____   _____   _____

Dar el periódico y café

domingo en la mañana   _____   _____   _____

Dar de beber en eventos

deportivos   _____   _____   _____

Cortar el césped   _____   _____   _____

Dar café en las parada s

de los buses   _____   _____   _____

Limpiar los zapatos   _____   _____   _____

Medir la presión

de la sangre   _____   _____   _____

Dar focos para la luz   _____   _____   _____

Dar baterías para los

detectores de humo   _____   _____   _____

De puerta en puerta   _____   _____   _____

pedir comida para

los pobres

Lavar el

carro gratis   _____   _____   _____

Cena gratis para la

comunidad   _____   _____   _____

Sugerencia: Haga una lista de prioridades en los planes que utilice y explique las características que

Le guiaron a escoger estos métodos

_____

_____

_____

_____

Cosechando con Precisión

Repase el segmento en el libro acerca de cosechar con precisión. Comience a desarrollar una estrategia de saturar la sembrar el evangelio con un plan de cosechar con precisión para su grupo cultural o área.

Preguntas y Pensamientos para Discusión:

1. En mi ministerio actual, ¿se está sembrando el evangelio en una escala grande entre el grupo al cual yo soy llamado? Si es así, ¿cómo se está haciendo? Si no, ¿qué necesita cambiar?

_____

_____

_____

_____

_____

_____

_____

_____

_____

2. En mi ministerio actual, ¿qué métodos necesito usar para buscar y encontrar a los que están listos para responder positivamente al evangelio y llegar a ser discípulos genuinos? Explique. ¿Qué métodos adicionales podría usar?

_____

_____

_____

_____

_____

_____

_____

_____

_____

3. ¿Hay un grupo de discípulos fieles que se han congregado como resultado de mi ministerio a quienes yo dedico mucho tiempo y en quienes concentro mucha de mi enseñanza? Explique

_____

_____

_____

_____

_____

_____

4. ¿Tengo un plan para poner el resto de la tarea evangelística en las manos del grupo cultural con el cual trabajo? Si no, ¿qué pasos debo tomar para comenzar este proceso? Si lo tengo ¿qué es ese plan y cuán eficaz es?

_____

_____

_____

_____

_____

_____

CAPÍTULO 16

COMUNIDADES MULTIFAMILIARES

SIEMBRE UNA NUEVA CONGREGACION MULTIFAMILIAR

FORMULARIO DE EVALUACIÓN DESAFIANTE

I. ¿CUÁLES SON LOS DESAFÍOS QUE ENCARA AL SER PARTE DE SEMBRAR UNA IGLESIA MULTIFAMILIAR?

_____

_____

_____

_____

_____

_____

_____

II ¿QUÉ PLANEA COMO RESPUESTA A ESTE DESAFÍO?

_____

_____

_____

_____

_____

_____

_____

III. ¿QUÉ DESAFÍOS EXTERNOS SE HA ENCONTRADO?

_____

_____

_____

_____

_____

_____

_____

_____

IV ¿QUÉ PLANES TIENE PARA RESOLVERLOS?

_____

_____

_____

_____

_____

_____

_____

IDENTIFIQUE LOS TIPOS DE COMUNIDADES MULTIFAMILIARES

Identifique los tipos de comunidades multifamiliares en su área y describa a las que se siente llamado a sembrar iglesias..

Multifamiliares de gente pudiente

Multifamiliares de clase media

      Tipo de departamentos tipo jardín

      Multifamiliares premanufacturadas

Multifamiliares de familias de pocos ingresos

      Vecindarios patrocinados por el estado

      Asentamiento ilegal

      Otro

DESEÑE SU ESTRATEGIA PARA SEMBRAR IGLESIAS MULTIFAMILIARES

Use este bosquejo como guía y diseñe su propia estrategia para sembrar

iglesias multifamiliares

Primer paso: Aliste a la iglesia patrocinadora

_____

_____

_____

_____

_____

Segundo paso: Aliste y capacite a los líderes voluntarios

_____

_____

_____

_____

Tercer paso: Seleccione la comunidad multifamiliar

_____

_____

_____

_____

Cuarto paso: Establezca un proceso para desarrollar la obra

_____

_____

_____

_____

Quinto paso: Determine la estructura de la iglesia

_____

_____

_____

_____

Sexto paso: Desarrollar un plan para que siga adelante

_____

_____

_____

_____

SEMBRAR UNA NUEVA IGLESIA
EN CASAS MOVIBLES

Use este bosquejo como guía y diseñe su propia estrategia para sembrar iglesias en viviendas movibles.

Primer paso: Llame a un pastor bivocacional

_____

_____

Segundo paso: Halle un lugar para reunirse

_____

_____

_____

Tercer paso: Edifique un edificio tipo iglesia

_____

_____

Cuarto paso: Inicie estudio bíblico y adoración

_____

_____

Quinto paso: Cultive buenas relaciones

_____

_____

_____

Sexto paso: Haga un sondeo religioso

_____

_____

Séptimo paso: Halle músicos

_____

_____

Octavo paso: Inicie el programa de visitación

_____

_____

Noveno paso: Aliste el liderazgo local

_____

_____

_____

Décimo paso: Planee actividades para los niños

_____

_____

_____

Undécimo paso: Haga un horario de actividades

_____

_____

Duodécimo paso: Planee actividades sociales

_____

_____

_____

Decimotercero paso: Ofrezca oportunidades de capacitación

_____

_____

_____

CAPÍTULO 17
ENCUENTRE UN LUGAR DE REUNIÓN

CRITERIOS PARA SELECCIONAR
UN LUGAR DE REUNIÓN

Ayuda responder a estas preguntas de tal manera que expliquen cómo estas necesidades se han satisfecho..

1. ¿Es el edificio suficientemente grande para la congregación que se anticipa en la etapa inicial?

_____

_____

_____

_____

2. ¿Es el aspecto del edificio adecuado para el grupo entre el cual trabajará?

_____

_____

_____

_____

3. ¿Es el edificio accesible para el grupo entre el cual trabajará (para el transporte público y privado)?

_____

_____

_____

_____

4. ¿Hay suficiente estacionamiento?

_____

_____

_____

_____

5. ¿El espacio del edificio refleja las necesidades de discipulado de la congregación?

_____

_____

_____

6. Si la nueva congregación se reúne en espacios que otros usan el resto de la semana (p.ej., escuelas, salas de conferencias), ¿se ha hecho provisión para guardar los materiales y otro equipo? ¿Se cuenta con las personas que arreglen y guarden todo el equipo?

_____

_____

_____

_____

7. ¿Tiene el edificio una imagen positiva o cuando menos neutral dentro de la comunidad?

_____

_____

_____

8. ¿Se ha tomado en cuenta la edad media del grupo entre el cual trabajará en cuanto a la selección del edificio?

_____

_____

_____

_____

9. ¿Está el edificio cerca de donde vive el grupo entre el cual trabajará?

_____

_____

_____

LUGARES POTENCIALES DE REUNIÓN

Después de revisar varios tipos de lugares en los cuales se han iniciado iglesias, haga una lista de posibles lugares en los que su nueva iglesia empiece a reunirse y evalúe lo favorable de cada uno de éstos:

	LUGAR	LOCALIDAD	CAPACIDAD	COSTO	ONVENIENCIA
1. Hogares					
2. Escuelas					
3. Universidades					
4. Salones de en hoteles					
5. Edificio comunales					
6. Edificios usados por otra iglesia					
7. Edificios portátiles					
8. Casas de clubes					
9. Almacén vacante					
10. Logias					
11. Salón de conferencia					
12. Restaurantes					
13. Teatros					
14. Centros de recreación					
15. Salón en banco					
16. Estadios					
17. Carpas					
18. Edificio de actividades de apartamentos					

19.. Patios _____ _____ _____ _____ _____

20. Otro _____ _____ _____ _____ _____

Evalúe en una escala de 1 a 5; Visite el lugar con su equipo, Hable con los dueños acerca del costo y los arreglos: Busque la dirección del Señor.

CAPÍTULO 18
ESCOJA EL NOMBRE APROPIADO

Lista de nombres potenciales

A la luz de la discusión, algunos nombres posibles para la iglesia que estoy iniciando son:

1. _____

_____

2. _____

_____

3. _____

_____

4. _____

_____

5. _____

_____

Los nombres potenciales que he escogido no son:

1. Nombres bíblicos oscuros   _____

2. Nombres de una calle   _____

3. Nombre de la comunidad   _____

4. Nombres largos   _____

5. Nombre memoriales   _____

Nota: Al plantar Iglesias en otros países es bueno animar a la nueva congregación a seleccionar nombres que comunican eficazmente en sus comunidades. La percepción que tienen los inconversos es importante. Recuerde que fueron los inconversos los que llamaron a los creyentes in Antioquía "Cristianos."

Tabulación de nombres potenciales.

Los siguientes nombres potenciales se han probado en el campo y reúnen los

siguientes criterios:

Nombre:

_____

1. Tiene una imagen positiva	1	2	3	4	5
2. Ayuda a identificar la iglesia	1	2	3	4	5
3. Encaja bien en la comunidad	1	2	3	4	5
4. Entendido por los que no tienen iglesia	1	2	3	4	5
5. Total de puntos				_____	

Nombre:

_____

1. Tiene una imagen positiva	1	2	3	4	5
2. Ayuda a identificar la iglesia	1	2	3	4	5
3. Encaja bien en la comunidad	1	2	3	4	5
4. Entendido por los que no tienen iglesia	1	2	3	4	5
5. Total de puntos				_____	

Nombre:

_____

1. Tiene una imagen positiva	1	2	3	4	5
2. Ayuda a identificar la iglesia	1	2	3	4	5
3. Encaja bien en la comunidad	1	2	3	4	5
4. Entendido por los que no tienen iglesia	1	2	3	4	5

5. Total de puntos   _____

El nombre que se ha escogido para la nueva congregación es:

_____

_____

_____

_____

CAPÍTULO 19
FORMATO PARA REUNIONES DE GRUPO CÉLULA DE HOGAR

ACTIVIDAD	TIEMPO SUGERIDO
1. ¡Abrir! – Presentación de invitados / Rompe hielo	____
2. Oración de apertura	____
3. Adoración:	____

      Testimonios

      Canto

      Reportes de oraciones contestadas

      Aprecio del uno por el otro

      acción de gracias a Dios

4. Oración conversacional	____
5. Lección bíblica con aplicación practica	____
6. Oración intercesora para hacer aplicación de la lección	____
7. Oración final	____
Total	____

GUIA PARA LAS REUNIONES DE GRUPOS CÉLULA

En base de la experiencia que muchos han tenido con los grupos célula las siguientes sugerencias ayudan mucho a los que planean usar este método.

Lista de las cosas que no debe hacer:

1) Oraciones largas   ____

2) Discutir religión o la iglesia   ____

3) Formar grupos que excluyan a otros   ____

4) Pedir que cada persona lea en voz alta   ____

5) Pedir que las personas nuevas oren en voz alta   ____

6) Convertir el grupo célula en en una replica de la iglesia   ____

7) Tener un grupo mayor de miembros   ____

Lista de Chequeo

Las cosas que deben ser estándar en la conducción de grupos célula saludables.

1) Ayuda a que la gente se sienta confortable   _____

2) Cultiva la amistad   _____

3) Evita interrupciones   _____

4) Asegura que todos sean incluidos
   en las conversaciones   _____

5) Consideración con los que son tímidos
   para no presionarlos   _____

6) Provee los mismos materiales para
   todos los participantes   _____

7) Mantiene el horario   _____

8) Anima a los participantes a
   leer sus Biblias en casa   _____

9) Anima a los nuevos participantes   _____

10) Se concentra en Cristo
    y en su obra salvadora   _____

11) Enfatiza las buenas nuevas de salvación   _____
    y no las actitudes negativas o
    la lista de cosas que los cristianos
    no debieran hacer

12) Da la oportunidad de recibir a Cristo   _____

(13) Tiene tratados para repartir   _____

Pautas para Iglesias Caseras

Repase las sugerencias de Rad Zdero's[34] (Capítulo 19 en el libro de texto) e indique que haría usted para implementarlas.

Deliberado – Un esfuerzo consciente se debe hacer para plantar Iglesias estilo Neotestamentarias entre los segmentos no alcanzados de los grupos culturales

_____

_____

_____

_____

_____

_____

_____

Rápido – Las Iglesias en los hogares necesitan un diseño con un énfasis saludable en el evangelismo con la meta de multiplicar iglesias caseras en dos y enviar un equipo a comenzar una nueva.

_____

_____

_____

_____

_____

_____

_____

Pequeñas – Iglesias Caseras no deben crecer mucho antes de decider multiplicarse.

_____

_____

_____

_____

_____

_____

_____

Enfocar en Saturación – Cada edificio de apartamentos, lugar de trabajo e institución educacional es una área posible para una Iglesia casera nueva.

_____

_____

_____

_____

_____

_____

Guiados por Voluntarios – El peso de la responsabilidad y liderazgo por los movimientos laicos.

_____

_____

_____

_____

_____

CAPÍTULO 20

TRAZA LA TRAYECTORIA DEL PROCESO ASIMILACIÓN

OBJECTIVO   **ACTIVIDAD**

1. Contactar nuevas personas   _____

2. Establecer una relación con ellos   _____

3. Involucrarlos en una actividad de cultivo   _____

4. Invitándolos a que asistan al servicio
de adoración   _____

5. Ayudándoles a que se sientan bienvenidos   _____

6. Animándoles a que asistan regularmente   _____

7. Presentándolos a otros miembros
de la iglesia   _____

8. Guiándolos a que se decidan a
recibir a Cristo   _____

9. Involucrándolos en la clase de
nuevos visitantes   _____

10. Animándolos a que se unan a la iglesia   _____

11. Ayudándolos a que continúen creciendo
spiritualmente   _____

12. Guiándolos a que practiquen
la mayordomía total   _____
    de sus vidas (influencia, talentos, dinero)

13. Invitándolos que se unan a un
ministerio de alcance   _____

CAPÍTULO 21

CULTOS DE ADORACIÓN PREPÚBLICOS

INDICADORES DE PREPARACIÓN

El estado de preparación para el culto pre-público no se puede determinar en base cronológica. Diferentes grupos se moverán a diferente paso debido a una variedad de factores. Los siguientes son algunos indicadores que se pueden considerar al determinar la preparación del grupo clave para empezar a tener cultos de adoración prepúblicos:

INDICATOR   **EVALUACIÓN**

I. Grupo clave suficiente   1   2   3   4   5

Acciones necesarias:

_____

_____

_____

_____

_____

_____

_____

_____

2. Espíritu de unidad (Propósito común) 1   2   3   4   5

Acciones necesarias:

_____

_____

_____

_____

_____

_____

_____

3. Armonía doctrinal   1   2   3   4   5

Acciones necesarias:

_____

_____

_____

_____

_____

_____

_____

_____

4. Adecuada base financiera   1   2   3   4   5

Acciones necesarias:

_____

_____

_____

_____

_____

_____

_____

_____

5. Fuerte compromiso   1   2   3   4   5

Acciones necesarias:

_____

_____

_____

_____

_____

_____

_____

6. Adecuada base de liderazgo   1   2   3   4   5

Acciones necesarias:

_____

_____

_____

_____

_____

_____

7. Equipo sembrador de iglesia adecuado1   2   3   4   5

Acciones necesarias:

_____

_____

_____

_____

_____

_____

8. Servicio de adoración adecuado   1   2   3   4   5

Acciones necesarias:

_____

_____

_____

_____

_____

_____

_____

9. Discipulado para adultos   1   2   3   4   5

Acciones necesarias:

_____

_____

_____

_____

_____

10. Ministerio de alcance   1   2   3   4   5

Acciones necesarias

_____

_____

_____

_____

_____

11. Ministerio de niños   1   2   3   4   5

Acciones necesarias:

_____

_____

_____

_____

_____

12. Ministerio de jóvenes

B. Localidad

_____

_____

C.   Arreglos para los muebles y el equipo

_____

D. Arreglos financieros

_____

_____

_____

E. Duración del acuerdo

_____

_____

III. Propiedad para la etapa permanente

A. Capacidad para el número de asientos

     Auditorio _____
     Espacio educativo _____
     Otro _____

B. Localidad

_____

_____

C. Arreglos de muebles y equipo

_____

_____

_____

D. Arreglos financieros

_____

_____

_____

_____

E. Duración del acuerdo

_____

Edificios en el Campo Misionero

En la discusión de principios autóctonos y en la de movimientos de plantación de Iglesias se enfatiza la importancia de que los grupos locales provean sus propios ligares de reunión. Basado en estudio cuidadoso de la declaración de Bruce Bennett e indique y explique ´cuál es su estrategia acerca de esto:

> "Reconocemos el valor de edificios, pero no proveemos fondos ni consejo acerca de cómo construirlos. No permitimos que la construcción de edificios impida el ritmo de crecimiento de la plantación de iglesias."

_____

_____

_____

_____

_____

_____

_____

_____

CAPÍTULO 24
LA PROPIEDAD PERMANENTE

Proximidad al grupo entre el cual trabaja

Millas/kilómetros a la redonda

	5	10	15	20	25
Número	____	____	____	____	____
Porcentaje	____	____	____	____	____
Accesibilidad					

¿Qué tan accesible está el edificio a:

1. ¿Calles y avenidas principales?
_____

2. ¿Transporte público?
_____

¿Qué tan fácil es hallar el edificio?
_____

Si no es muy fácil, ¿qué hace para superar este obstáculo?

1. ¿Rótulos?
_____

2. ¿Mapas en la publicidad, en la páginas amarillas?
_____

3. ¿Otro?
_____

Tendencias en la comunidad
¿En qué etapa se encuentra esta comunidad?

1. ¿Desarrollo?
_____

2. ¿Crecimiento?
_____

3 ¿Estabilización?
_____

4 ¿Transición?

_____

5. ¿Renovación?

_____

¿Cuáles son las implicaciones de esto para determinar el tamaño y lugar del edificio permanente de la iglesia?

CAPÍTULO 25
EVALUACIÓN DEL CRECIMIENTO DE LA IGLESIA

Después de leer el capítulo 25, evalúe el crecimiento de la iglesia que ha sembrado con el uso de los indicadores y presente los planes de acciones si se necesitan.

I. LIDERAZGO PASTORAL

INDICATOR

EVALUACIÓN

1. Tiene la visión de crecimiento   1   2   3   4   5
Acción

necesaria:_____

_____

_____

_____

_____

_____

2. Deseo de ser líder   1   2   3   4   5
Acción necesaria:

_____

_____

_____

_____

_____

_____

3. Compromiso para permanecer   1   2   3   4   5
Acción necesaria:

_____

_____

_____

_____

_____

_____

_____

4. Uso de habilidades administrativas 1   2   3   4   5
Acción necesaria:

_____

_____

_____

_____

_____

_____

5. Disposición de tomar riesgos   1   2   3   4   5
Acción necesaria:

_____

_____

_____

_____

_____

II. REACCIÓN DE LA CONGREGACIÓN AL CAMBIO

6. Reacción positiva al cambio   1   2   3   4   5
Acción necesaria:

_____

_____

_____

_____

_____

_____

7. Disposición para hacer ajustes culturales1   2   3   4   5
Acción necesaria:

_____

_____

_____

_____

_____

_____

III. CULTOS DE ADORACIÓN

**8.   Cultos de adoración culturalmente
        relevantes   1   2   3   4   5**
Acción necesaria:

_____

_____

_____

_____

_____

_____

9. Cultos de adoración innovativos   1   2   3   4   5
Acción necesaria:

_____

_____

_____

_____

_____

_____

_____

IV. PROGRAMA PERMANENTE DE EVANGELIZACIÓN

10. Evangelización Personal   1   2   3   4   5
Acción necesaria:

_____

_____

_____

_____

11. Evangelización pública   1   2   3   4   5
Acción necesaria:

_____

_____

_____

_____

_____

_____

_____

V. ORGANIZACIÓN DE GRUPOS PEQUEÑOS

12. Evangelización de grupos pequeños 1   2   3   4   5
Acción necesaria:

_____

_____

_____

_____

_____

_____

13.. Discipulado de grupos pequeños   1   2   3   4   5
Acción necesaria:

_____

_____

_____

_____

_____

_____

VI. OTRAS AREAS

14. Asimilación de nuevos miembros   1   2   3   4   5

Acción necesaria:

_____

_____

_____

_____

_____

_____

15. Plan de discipulado   1   2   3   4   5
Acción necesaria:

_____

_____

_____

16. Gobierno de la iglesia   1   2   3   4   5
Acción necesaria:

_____

_____

_____

_____

_____

_____

_____

17. Ministerio de oración   1   2   3   4   5
Acción necesaria:

_____

_____

_____

_____

_____

_____

_____

18. Edificios adecuados   1   2   3   4   5
Acción necesaria:

_____

_____

_____

_____

_____

_____

19. Estructura de la organización   1   2   3   4   5
Acción necesaria:

_____

_____

_____

_____

20. Expresiones de la iglesia   1   2   3   4   5
Acción necesaria:

_____

_____

_____

_____

_____

_____

CAPÍTULO 26

CLAVES PARA LA REPRODUCCIÓN

Después de leer este capítulo, analice las áreas en las cuales la nueva iglesia está utilizando las claves para la reproducción presentadas por el autor.

	Claves	Análisis				
1.	Equipo Plantador Reproducible	1	2	3	4	5
	Temperamento Apostólico	1	2	3	4	5
	Iniciador Desarrollador	1	2	3	4	5
	Plantador Iniciador	1	2	3	4	5
	Plantador Multiplicador	1	2	3	4	5
	Plantador Estratega	1	2	3	4	5
2	Modelos de Plantación Reproducibles	1	2	3	4	5
	Modelo Iglesia Clave	1	2	3	4	5
	Modelo Entrenamiento de Líderes	1	2	3	4	5
	Model0 Movimiento de Plantación	1	2	3	4	5
3	Estrategias Reproductoras	1	2	3	4	5
	AND en la Nueva Iglesia	1	2	3	4	5
	Siguiendo un Proceso Viable	1	2	3	4	5
	Estrategia de Recursos Locales	1	2	3	4	5
	Estrategia para Salir	1	2	3	4	5

Estrategias Reproductoras – Seleccione las áreas débiles e indique planes para fortalecerlas

_____

_____

_____

_____

_____

PRESENTAR LA PROPUESTA DE SEMBRAR UNA IGLESIA

Uno de los pasos más importantes para tener el apoyo para iniciar una nueva congregación es la elaboración de una propuesta escrita. La propuesta tiene que presentar un caso convincente de la necesidad de iniciar una nueva iglesia en esa área. Por lo tanto, es importante que se demuestre un análisis demográfico del área y la necesidad de una nueva congregación. El análisis demográfico también puede ayudar a enfatizar el potencial para crecimiento de la nueva congregación. Si hay pocas o si no hay iglesias en área y mucha gente sin iglesia, el potencial para el establecimiento es fuerte y el potencial para crecimiento de la congregación es alto.

La propuesta también debe ser clara con relación a toda la visión y la estrategia que se empleará. Si los donantes potenciales saben del grupo entre el cual se trabajará, que estrategia se usara, que actividades especificas se planean y cuales son los resultados que se anticipan, ellos se pueden animar en cuanto a este proyecto. Información breve del equipo sembrador de la iglesia, sus valores fundamentales, su método de ministerio y su compromiso también ayudarán. También será necesario ser muy específico de la clase de ayuda financiera que se necesitará. Declaraciones vagas no lograran el proyecto. Por otra parte una propuesta cuidadosamente escrita puede atraer la imaginación de los que necesitan participar en este importante asunto. Use el bosquejo siguiente para que escriba la propuesta de sembrar una iglesia con la intención de obtener el apoyo para iniciar su plan de sembrar una nueva iglesia.

I   RAZONES - ¿POR QUÉ DESEA INICIAR UNA NUEVA IGLESIA?

A.   DESCRIBA SU LLAMAMIENTO

B.   COMPARTA SU VISIÓN

C.   EXPLIQUE SUS RAZONES PARA INICIAR UNA NUEVA IGLESIA

D.   DEMUESTRE LA NECESIDAD ESPECÍFICA DE INICIAR UNA NUEVA IGLESIA

II   ENFOQUE - ¿CUÁL ES EL GRUPO ENTRE EL CUAL TRABAJARÁ?

A.   DESCRIBA EL GRUPO ENTRE EL CUAL TRABAJARÁ

B.   EXPLIQUE EL PERFIL DEMOGRÁFICO

C.   DESCRIBA EL LUGAR PROPUESTO

III. ESTRATEGIA - ¿QUÉ CLASE DE IGLESIA INTENTA SEMBRAR?

A. COMPARERTA SU VISIÓN

B. EXPLIQUE SUS VALORES FUNDAMENTALES

C. DESCRIBA SU MODELO PARA SEMBRAR LA IGLESIA

D. COMPARTA LOS PLANES PARA COMENZAR EL GRUPO CLAVE

E. DESCRIBA SUS METAS DE MINISTERIO PARA LA IGLESIA

IV. PERSONAL-QUIÉN LE AYUDARÁ A INICIAR LA IGLESIA

A. DESCRIBA SU PROPUESTO EQUIPO DE INICIACIÓN

B. DEFINA EL PAPEL QUE CADA UNO TENDRÁ

C. COMPARTA NOMBRES DE LOS MIEMBROS DEL EQUIPO QUE HAN FIRMADO

V. TIEMPO - ¿CUÁLES SON SUS PROPUESTAS EN CUANTO A TIEMPO?

A. COMPARTA LA LÍNEA DE TIEMPO PARA EL PRIMER AÑO

B. COMPARTA LA LÍNEA DE TIEMPO PARA EL SEGUNDO AÑO

C. COMPARTA LA LÍNEA DE TIEMPO PARA EL TERCER AÑO

VI. FINANZAS - ¿CUÁNTO COSTARÁ?

A. PRESENTE EL PRESUPUESTO INICIAL

B. PRESENTE LA PROYECCIÓN DE LAS ENTRADAS

C. EXPLIQUE LA ESTRATEGIA FINANCIERA

VII PARTICIPACIÓN - ¿CÓMO PUEDE PARTICIPAR LA GENTE?

A. NECESIDADES DE ORACIÓN

B. HALLANDO SIMPATIZANTES

C. UNIÉNDOSE AL GRUPO CLAVE

D. PROVEYENDO EL EQUIPO NECESARIO

E. PROVEYENDO APOYO FINANCIERO

NOTAS AL FINAL

[1] Aubrey Malphurs, *Planting Growing Churches For The 21st Century* (Grand Rapids: Baker Books, 1998), 253.

[2] Ibid., 256-57

[3] Ibid.

[4] Este inventario de los dones espirituales nos lo ha provisto cortésmente la Iglesia Bautista Wedgewood en Fort Worth, Texas.

[5] Lewis Myers, Jim Slack, *To The Edge: A Planning Process for People Group Specific Strategy Development* (Richmond: International Mission Board, 1998), Section 2, Page 39.

[6] Ibid.

[7] Adaptación de, Robert A Rhom, *Positive Personality Profiles* (Atlanta: Personality Insight Incorporated, 1998,) 20.

[8] Among these are John G. Greer and Dorothy Downey's, *Personal Profile System* and Robert R. Rohm, *Positive Personality Profiles.*

[9] Claylan Coursey, *How Churches Can Startr Churches* (Nairobi: Baptist Publishing House, 1984).

[10] Ibid., p. 14.

[11] En los Estados Unidos esto incluye a los americanos nativos, hispano americanos del suroeste de los Estados Unidos y a los puertorriqueños.

[12] En los Estados Unidos esto incluye a los afro-americanos.

[13] Para una discusión de estos tipos de migración vea R. A. Schermerhorn, *Comparative Ethnic Relations* (New York: Random House, 1970).

[14] Greeley presenta esta asimilación desde la perspectiva del grupo étnico cuando describe las varias etapas como: Nuclear, Compañero de viaje, Marginal y Étnico alienado. Greeley, Op. Cit., pp. 106-112. Schermerhorn bosqueja un proceso similar, la diferencia principal es que él lo ve desde la perspectiva de la sociedad predominante.

[15] Lewis Myers and Jim Slack, *To The Edge: A Planning Process for People Group Specific Strategy Development*8, Glossary, p. 2

[16] Ibid.

[17] Ibid., Appendix C pp. 7-10

[18] Rick Warren, *Purpose Driven Church* (Grand Rapids: Zondervan Publishing House, 1995), 170.

[19] Sherwood Lingenfelter, *Ministering Cross-culturally.*

20. Timothy C. Tennent, "Training Missionaries to Resistant Peoples," paper presented at the joint meeting of EMS and ISFM, November 22, 1997, p. 1.

21. Ibid.

22. Ibid.

[23] Lyle E. Schaller, *44 Question for Church Planters* (Nashville: Abingdon Press, 1991), 86.

[24] Steve Sjogren, *Conpiracy of Kindness* (Ann Arbor: Servant Publication, 1993).

[25] Ibid., pp. 215-226.

[26] Ibid.

[27] Rochelle B. Warren & Donal L. Warren, In *Neighborhood Organizer's Handbook* (Notre Dame: University of Notre Dame Press, 1977).

[28] Ibid., p. 96.

[29] Dawn Dwyer, *TeleReach Manual: Using the Telephone to Reach People* (Nashville: Convention Press, 1989).

[30] Schaller, *44 Questions*, 92-93

[31] Rick Warren, *The Purpose Driven Church,* 44.

[32] Wagner, *Church Planting*, 106.
[33] Para más información vea Home Bible Fellowship Campaing.
[34] Este es un resumen de las sugerencias hechas por Rad Zdero, op. cit., 112-114.

Made in the USA
Monee, IL
28 April 2022

95521172R00096